JN408848

고려대학교 평생교육원 수필창작과정 엔솔로지

여울의 19번째 이야기

문학공원

고려대학교 평생교육원 수필창작과정 엔솔로지

여울의 19번째 이야기

문학공원

축사

수확을 잘 정리한 보화

이 관 규

고려대학교 평생교육원 원장

사람이 한세상을 사는 동안 크고 작은 일들을 많이 하고 살지만 그것들을 잘 정리해서 남기기란 그리 쉬운 일이 아니다. 글을 쓴다는 일은 그 자체만으로도 선뜻 쉽게 접근하기 힘든 일인데, 그 일을 용기 있게 시작해서 성취해내고, 문인으로 등단해서 우리나라 문단의 중추적 역할을 감당하기 시작한 우리 여울 동인들이 여기 또 한 권의 책을 엮어 세상에 내놓는다.

평생교육이 우리나라에서 실시되기 시작할 때 그 선도적 역할을 담당했다 할 수 있는 우리 고려대학교 평생교육원이 창립 당시부터 개설했던 수필창작프로그램이 오늘까지 꾸준히 정진해오고 있는 것에 대해서 항상 뿌듯하게 생각하고 있다. 당연히 우리의 자긍심이기도 하고 우리 평생교육원 프로그램 가운데 상징적인 과정이기도 하다.

이제 평생교육은 잠시 들러서 여가를 활용하는 단기과정이 아니라 그야말로 평생을 함께 한 길을 걸으며 생의 중요한 한 부분이 되는 추세인데 그런 면에서 우리 수필 창작 프로그램이 그 선도적 역할을 해 주고 있다고 생각한다.

문단의 중견으로 발돋움하고 있는 선배와 글쓰기를 갓 시작한 후학들이 한데 어울려 서로 보듬어 안고 격려하면서 글밭을 풍요롭게 하고 세상을 밝히는 일에 일익을 담당하는 모습이 매우 고무적이다.

그 결실로 올해도 거르지 않고 어느새 19번째 엔솔로지 『여울』을 묶어 내게 된 데 대하여 진심으로 축하드린다. 거둔 열매를 잘 정리해 놓는 것은 그야말로 보화를 만드는 것이기에 기쁜 마음 금할 길 없다. 민족을 먼저 생각하는 고려대학교의 건학정신에 비쳐볼 때도 문학이 민족을 살리는 일의 큰 지킴이가 될 수 있다는 관점에서 수필창작과정의 무궁한 발전을 위해 성의껏 관심을 갖고 지원하고자 한다.

『여울』 동인들의 문운 창대와 발전을 기원한다.

2018년 2월

발간사

각박한 환경을 푸른 잔디로 바꾸는 힘

사람이 살아가는 환경을 온전히 생각대로 만들어 가면서 살 수 있는 힘은 없다. 다만 주어진 상황을 생각하나로 천국으로도, 지옥으로도 바꿀 수 있는 이상한 힘을 갖고 있다. 여기 여울 19집이 감히 그 힘의 산물을 한 권의 책으로 묶어 지친 사람들에게 시원한 생수 한 병처럼 선사하고자 한다.

글은 세련된 솜씨로만 쓰는 것이 아니다. 진솔한 표현과 이 말을 꼭 전하고 싶은 절절함이 있을 때 글을 쓰게 되고 그 글은 사람에게 감동으로 다가가 엄청난 쉼과 평안을 안겨준다.

고려대학교 평생교육원의 수필반에서 함께 웃고 같이 고민하는 글벗들이 나라와 세상을 걱정하는 글도 쓰고 세계 도처의 아름다운 경관을 소개하는 글도 있다. 그 경관의 안내에 그치는 정도가 아니라 그 안에 깊은 통찰과 뚜렷한 주제를 잘 살린 아름다운 글들이다.

나라를 걱정하는 글도 시사적이고 표피적인 접근이 아니라 일생동안의 전문직 종사의 경륜에 바탕한 깊은 성찰과 해법이 담긴 정보제공의 임무도 다하는 글들이다.

문단 중견에 이르는 작가들과 갓 시작한 신선한 작가 지망생의 글까지가 한데 어우러져 아름다운 교향곡을 연주하는 그런 책으로 독자를 만나러 간다.

이제 어엿한 성년이 된 여울 19집을 함께 엮어 세상에 내놓으면서 당당히 일독을 권고한다. 그리고 겸허히 애정어린 평가를 기다린다.

고려대학교 평생교육원의 문학에 대한 깊은 이해에 감사드린다. 항상 수고를 아끼지 않고 원고를 모으고 정리해주는 글벗 유경희 선생과 매번 좋은 책으로 엮어내 주는 문학공원에도 깊은 감사의 인사를 드린다.

2018. 2.

여울문학회

차 례

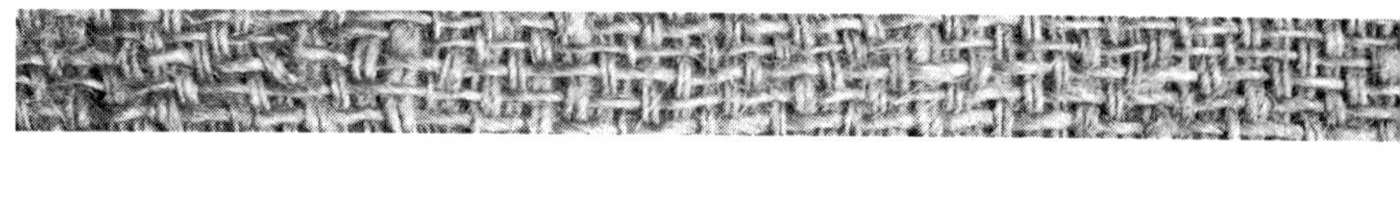

3부 커피가 고프다

4부 두르지 않은 목도리

초대수필
오경자(지도교수)

내가 부럽지 외 1편

오 경 자

청소부의 무심한 빗질에 속절없이 마대 자루 속으로 우르르 쓸려 들어간 낙엽들이 몸을 부비며 정신을 가다듬는다. 이제 어디로 가는 것인가? 우선 답답하다. 좀 전에 조금만 정신을 똑바로 차리고 있었으면 떨어지지 않았을 텐데 잠시 방심하는 사이 속절없이 불어 닥친 바람에 손을 놓치고 말아 땅으로 떨어졌다.

자세히 살펴보니 가까이에 있던 잎새들이 눈에 띈다. 그런데 못 보던 친구들도 있고 보이지 않는 친구들이 많다. 엊그제 나무를 떠난 친구들은 물론 없겠지만 바로 좀 전 까지 같이 매달려 있던 친구들이 함께 떨어져 몸을 뒤척이고 있었는데 어디로 갔는지 눈에 띄지 않는 것은 아무리 생각해도 이상했다. 분명히 청소부의 커다란 빗자루가 바닥을 말끔히 쓸어 담은 것 같았는데 어찌된 일일까 궁금하기만 하다.

차가 한참을 덜컹거리며 달리는 것 같더니 자루가 거꾸로 들리면서 땅으로 쏟아져 나왔다. 환한 세상에 다시 나오니 살 것 같다. 땅에 두텁게 깔린 우리들 위로 사람들이 밟고 지나간다. 더러는 벌렁 드러누워 사진을 찍기도 하고 얼싸안고 입맞춤을 하기도 해서 눈을 어디다 둘 수가 없다. 그들의 얘기 속에서 여기가 남이섬이라는 것을 알았다.

아아, 바로 그곳 은행잎을 모아 쌓아놓고 관광객을 불러 모아 성공

했다는 거기로 실려 왔구나, 생각해보니 행운이 아닌가? 한 동안은 편히 누워서 세상구경을 더 하게 되었으니 말이다. 우리를 부러워하는 사람들도 많을 것 같다. 평생을 죽어라하고 뜨거운 햇볕을 받아 광합성이라는 걸 해 내서 영양분을 뿌리로 내려 보내면 그것을 받아 먹으며 나무를 키워 왔는데 겨울이 다가오는 가을이 되자 몸집을 줄여 겨울을 무사히 견디고 살아남기 위해 우리들을 가차 없이 흔들어 떼어낸 낙엽이라는 이 신세나, 일생 자식 기르느라 죽을 둥 살 둥 애쓴 노인들이 자식들 다 성가시키고 홀로 남아 버려진 신세나 무엇이 다르랴.

쓸모없어져 갈 곳 없는 인생들 입장에서는 지금 또 하나의 새 사명을 띠고 이곳에 누워있는 우리가 부러울 수도 있을 것 같다. 그야말로 그들이 하고 싶어 하는 이모작 인생인가 뭔가를 지금 우리는 어엿이 하고 있으니 말이다. 그래, 이모작 좋지. 그래, 이모작, 그 후에야 또 무엇이 기다리고 있을지 어디 기다려 보는 거지 뭐.

편지

참으로 오랜만에 들어보는 낱말이다. 날마다 우편함은 가득 차 있기 마련이지만 그 속에 진정 편지라 할 만한 것들이 아예 사라지다시피 된지 오래된 것 같다. 이메일이라는 것을 매일 이용하면서도 그것이 편지의 일종임을 느끼지 못한다. 그저 편리한 일상 업무 처리 중의 하나일 뿐이다. 하기야 서툴게 겨우 이용하는 사람의 경우가 그렇지 컴퓨터 사용이 일상화 된 사람들에게는 이메일이 훌륭한 편지 노릇을 하고 있다.

처음 원고지 대신 컴퓨터 자판을 두드리며 화면에 대고 글을 쓸 때 가졌던 생뚱맞은 낯섦이 날이 갈수록 사라져가다가 어느 날 문득 원고지에 쓰는 일이 번거롭게 느껴지던 변화를 기억해보면 이메일로 멋진 편지, 정겨운 사연을 마음껏 풀어 내 볼 수도 있을 것 같다. 똑같이 기계를 통한 것이라 바스락거리기는 매한가지건만 이메일 보다 더 각박한 것이 손전화에 대고 쓰는 메시지나 카톡 문자들이다. 어지간한 문서도 화면에 찍어 뚝딱 전송하면 끝이니 이런 좋은 세상에 누가 답답하게 편지를 쓰고 있냐고 던지는 핀잔이 아주 헛말만도 아니다.

요즘 사람들은 어쩌면 사랑의 고백도, 정담도, 애틋함도, 서운함도, 기쁨도, 슬픔도, 아주 미세한 감정의 표현 모두를 손전화에 대고 다 풀어 버린다. 가히 손가락이 모든 것을 도맡아 해내는 세상에 살고 있는 것이다. 카톡카톡 오가던 정담이 찍히던 자리에 어느 순간 작별

통지가 마치 포고문처럼 찍히기도 할 것이다. 태워버릴 연애편지도 없으니 그 마지막 불꽃을 보며 다시 한 번 붉어질 볼도 없고 사그라지는 잔불의 여운을 보며 애간장을 녹일 일도 없다. 한숨을 담아 함께 날릴 아련한 연기조차 찾을 길 없으니 얼마나 삭막한가?

사랑하고 좋아하고 아파하고 괴로워하는 일들을 그들도 잘만하고 있는데 '각박하니, 삭막하니' 해가면서 옛날식 편지를 그리워하는 것은 자신의 지나가 버린 젊음을 아쉬워하는 것일 뿐, 별로 의미가 없는 일인지도 모른다.

편지, 듣기만 해도 가슴 따뜻하고 공연히 두근거려지기도 하는 이 매력적인 것을 받아본 지가 언제쯤이지 도무지 기억이 나지 않는다. 아이들이 생일이나 명절 때 선물에 붙여 건네는 카드에 써 준 덕담을 편지로 생각하고 위로 받는다면 그래도 1년에 편지 몇 장은 받는 셈이니 행복하다 해야 할 일이다. 게다가 책을 내고 나면 전국의 독자들과 글벗들로부터 애정 어린 격려편지들을 받으니 호사가 아니겠는가?

자신도 책을 받은 경우 가끔 몇 자 적는 외에 편지다운 편지를 써본 지가 언제인지 모르면서 못 받은 아쉬움만 털어놓고 있으니 이 또한 지극히 이기적인 모습이다. 이러쿵저러쿵 하지 말고 이 가을이 다 가기 전에 편지를 써보자. 누구에게 보낼까? 멀리 떠나 있는 친구도 좋고 가까이에 있는 애들에게도 좋다. 아무래도 훌쩍 떠난 짝꿍에게 먼저 편지를 띄워야 할까보다. 잘 있느냐고, 내가 옆에 없어도 별탈 없이 지낼 수 있더냐고, 아니 진즉 갈 걸 만시지탄이란 생각이 들 정도로 좋더냐고, 아니 그 정도가 아니라 내가 빨리 쫓아갈까봐 걱정이 되느냐고, 그래 편지로나마 물어보자 진정 어떤 심사인지를. 편지 답장은 꿈으로 받을테지.

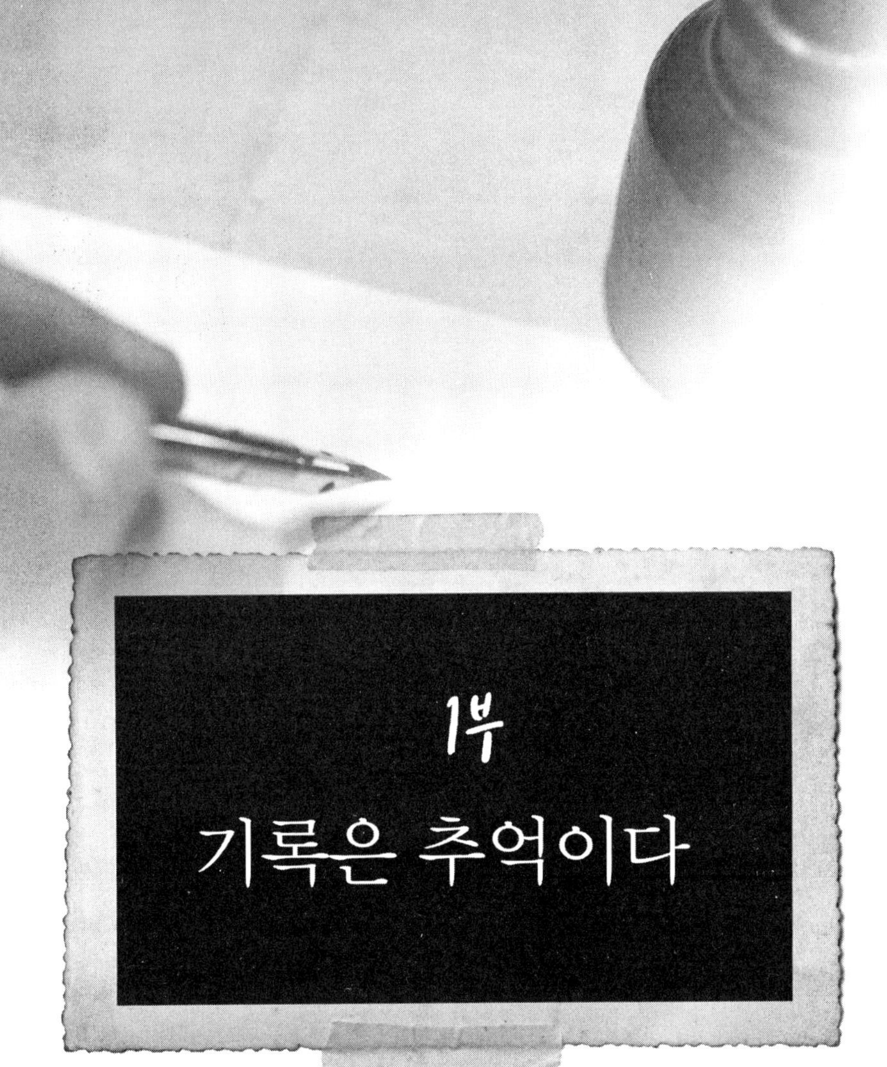

1부

기록은 추억이다

산천재(山天齋)

김 찬 수

지리산 천왕봉이 바라보이는 산천재[1]에는 남명 조식 선생의 지고한 뜻과 조선 선비를 대표하는 그의 삶의 모습을 상상할 수 있는 다음의 주련(柱聯)이 있다.

봄 산 어느 곳엔들 향그런 풀 없으리오마는 (春山低處無芳草)
다만 천왕봉 하늘나라에 가까운 걸 사랑해서 (只愛天王近帝居)
맨손으로 들어와서 무얼 먹고 살 건가? (白手歸來何物食)
은하수 같이 맑은 물 십리니 먹고도 남겠네 (銀河十里喫有餘).

남명은 이곳에서 가렴주구를 당하고 있는 민초들의 고통을 가슴에 안고 때로는 눈물을 흘리며 임금에게 상소를 올리기도 하였다. 그리고 공자가 도덕적 이상사회를 건설하기 위해 제자 양성에 주력하였듯이, 남명 또한 잘못된 현실을 타개하기 위해 제자양성에 진력하였다. 그는 敬(內明者敬: 안으로 마음을 밝고 올바르게 하는 것)과 義(外斷者義: 밖으로 밝고 올바름을 실천단행 하는 것) 즉 敬·義 철학을 바탕으로, 하늘 높이 우뚝한 기상(壁立千仞)과 한 세대를 굽어보며(一世俯視) 태산같이 우람하고(泰山喬嶽) 서릿발처럼 차갑고 뙤약볕처럼 뜨거운(秋霜烈日) 열정과 신념으로 평생 실천적 교육에 일관

1) 경상남도 산청군 시천면 소재

한 것이다.

그러나 조선의 주류 주자학 엘리트들은 어떠했는가? 수백 명의 노비를 거느리면서 그들의 노동으로 호의호식하면서 양반지배체제의 온존을 도모한 것이 조선 주류 주자학의 역할이 아니었던가? 노비와 양인(良人)들의 노동과 부역으로 지탱하는 체제에서 조선의 주자학은 엘리트들에게 어떤 구체적인 자기성찰을 요구했었는가?

백성들의 지치고 괴로운 삶을 가슴아파하고 울 수 있어야 한다고 했던가? 그 문제를 해결하기 위한 대책을 세워야 한다고 권면이라도 있었던가? 그들은 '상놈'들을 자신들과 같은 '사람'으로 생각했을까?

남명의 '을묘사직소'는 그가 현실을 어떻게 보고, 어떤 내용을 가르쳤는가를 짐작하게 하는 간접적인 증거가 된다. 나라의 상태를 벌레에게 진이 다 빨린 고목과 같은 상태로 진단하고, 누적된 폐습의 혁파와 신료들의 개혁의지가 없이는 회생을 기대할 수 없다고 조정에 상소했다.

"전하의 나랏일은 이미 그릇되었고 나라의 근본이 이미 상했으며, 하늘의 뜻도 이미 떠나버렸고 민심은 이미 이반되었습니다. 비유하자면, 백 년 동안 벌레가 그 속을 갉아 먹어 진액이 이미 말라버린 큰 나무가 있는데, 회오리바람과 사나운 비가 언제 닥쳐올지 전혀 알지 못하는 지경에 이른지가 이미 오래입니다. …… 궁궐안의 신하는 후원하는 세력 심기를 용이 못에서 끌어 당기 듯 하고, 궁궐 밖의 신하는 백성 벗겨 먹기를 이리가 들판에서 날뛰듯 합니다. 그들은 가죽이 다 헤어지면 털도 붙어 있을 곳이 없다는 것을 모릅니다(乙卯辭職疏)."

몇 몇 학자나 신료들은 이 상소문에 포함된 "자전(慈殿: 문정황후)

께서는 생각이 깊기는 하나 깊숙한 궁궐 속의 한 과부(寡婦)에 지나지 않고, 전하(명종)께서는 어리시어 선왕(先王:중종)의 한 외로운 아드님이실 뿐"으로 "정치를 얼마나 알겠느냐"는 내용을 두고 '과격'이라는 혐의를 두기도 했다. 그러나 30여 년 뒤, 임진왜란이 일어나자 20일 남짓에 수도 한양이 적의 수중에 떨어지고, 도망가는 임금의 수레에 백성들이 돌멩이를 던지며 서울에 불을 지른 사실은 남명이 당시 나라의 상황을 정확하게 보았음을 웅변으로 알려주고 있다. 선조가 즉위하여 구언(求言:임금이 신하의 직언을 구함)을 하였을 때 남명이 올린 '무진봉사(戊辰封事)'에서 "옛날부터 권신(權臣)이나 척리(戚里), 부시(婦寺:왕후이하 왕 주위의 여자들과 宦官)가 나라를 전횡한 것은 혹 있었지만 지금과 같이 서리(胥吏)가 나라를 전횡한 것은 들어보지 못했다. 정치권력이 대부에게 있는 것도 옳지 못한데 하물며 서리의 손에서 인가? 당당한 천승(千乘)의 나라로서 조종(朝宗) 200년의 유업을 기록하면서도, 많은 공경대부가 앞뒤 서로 모두 정치를 하인(胥吏: 하급공무원)에게 맡길 수 있는가? 이런 일은 차마 소귀에도 들려줄 수가 없다. 비록 망탁(莽卓: 중국 前漢末 王莽과 후한말의 동탁[董卓]을 말함. 이들은 외척 세력과 결탁하여 전횡을 일삼다가 나라가 망하게 됨)의 간교함에도 이런 일은 없었으며 망한 나라의 세상에도 이런 일은 없었다."라고 하여 남명은 조선중기의 나라의 정치가 바로 조세정책의 잘못에서부터 시작되고 있음을 지적하고 있다. 그는 이를 보다 구체적으로 공물의 방납(防納)과 이를 관장하는 서리의 작폐 때문이라고 하고 있다.

여기에 비해 선조의 求言에 의해 같은 시기에 올린 퇴계의 상소문은 시폐(時弊)의 진단과 비판 그리고 광정(匡正)과 개선책은 볼 수 없고 오히려 변통(變通)과 개혁이 화(禍)를 불러 올지도 모른다고 보고 있다. 또한 그는 성리학의 인심도심(人心道心)과 인효(仁孝) 등 윤리에 대한 이야기와 王의 마음가짐 그리고 이단 배척에 강한 관심을 나타내고 있으며, 훈구대신에 대해서도 지치(至治)와 중흥(中興)에 방해가 되지만 일 만들기를 좋아하는 신진사류(新進士類)에 대해서도 이들의 등용이 혼란의 빌미가 된다고 강한 불신감을 나타내고 있다.

일찍이 맹자도 "항산(恒産)이 있어야 항심(恒心)이 있다"고 하였고, 공자 또한 "먼저 민중을 부유하게 한 다음에 가르쳐야한다(先富後敎)"고 주장하였다. 그런데 나라의 기틀인 민중이 공물과 서리의 가렴주구에 생존마저 위태로워 살아나려고 流民化 하고 도적이 되어 도덕을 버릴 수밖에 없는 마당에, 이기심성과 윤리도덕 그리고 이단 배척을 임금의 구언에 답한다는 것은 오히려 공맹(孔孟)의 정치사상을 버리고 자신의 계급적 이익을 계속 유지하려는 것이 아닌가? 하는 의심을 자아낸다.

우리나라 양반족보들을 검토해보면, 임진왜란이나 병자호란에 전쟁에 나가 전사한 사람은 거의 찾아보기 어렵다. 그러면 어떤 사람이 전쟁에 나갔을까? 양반들이 일반적으로 '상것들'이라고 부르는 일반 백성들이 전쟁을 수행한 것이었다. 6.25동란 때는 어땠을까? '빽' 있는 사람들이 전쟁했을까?

현대에도 조선시대 주류 주자학이 구축했던 '양반-상놈'의 문화가 형태를 달리하면 그 구조를 온존시키고 있는 것이 아닐까?

국군통수권자인 임금과 국방의 실질적 책임자인 병조판서가 외국으로 도망갈 계획을 궁리하고 있을 때, 백성에게 희망의 불길을 지핀 것은 경상우도의 의병이었다. 망우당(忘憂堂) 곽재우(郭再祐), 내암(來庵) 정인홍(鄭仁弘), 송암(松庵) 김면(金沔), 탁계 전치원(全致遠), 대소헌(大笑軒) 조종도(趙宗道) 등, 수십 명의 유학자들이 자신들의 재산과 친척들의 협조를 얻어 의병을 일으켰다. 국가의 군사가 역할을 못하니 스스로 일어선 것이다. 그들은 사회적 배경이나 경제적 기반 등이 서로 달랐지만 하나의 공통분모가 있었으니 그것은 같은 스승에게서 가르침을 받았다는 것이었다. 그 스승이 바로 남명 조식이었다. 남명은 도대체 무슨 내용을 어떻게 가르쳤기에 외국으로 도망갈 것을 생각하는 임금이나 병조판서와 달리 왜적과 싸워서 물리칠 생각을 했을까? 남명 역시 성리학자의 범주에 있는데 그의 제자들은 왜? 퇴계 이황, 율곡 이이, 우계(牛溪) 성혼(成渾)의 문인으로 자처하는 고위 관료들이 가득한 중앙 정부의 관료들과 달랐을까? 이 문제는 그냥 보아서 넘길 문제는 아니다.

조선 성리학의 토론 주제는 이기론(理氣論)에 집중되었고 논의는 사칠논변(四七論辨)의 영향으로 추상적이고 관념적인 순수 사변 쪽으로 흘러갔다. 그 결과 성리학이 너무 이론분석에 치중하여 가장 중요한 실천(實踐)을 소홀히 하는 경향으로 흘렀다. 이것이 유학자들에게 보편적으로 퍼져나간 병폐였다. 성리학의 '理의 論'이 공소공론에 빠지고 행동세계를 황폐하게 만든 것도 결국은 氣의 생기적 활력과 지대지강(至大至剛)한 호연지기를 '理'로 제한시켜버렸기 때문이다. 그 결과 실천에 나태하고 비겁해지는 병폐를 가져온 것이다.

반면 이러한 현실에 대해 남명은 "조선성리학의 사단칠정(四端七情) 논쟁의 가장 큰 결점은 주재(主宰)하는 心을 배제하고 理와 氣

자체에서 發하는 것을 논하고 있는데, 심발(心發) 혹은 심 미발(心未發)이지, 理와 氣의 發이나 미발(未發)은 아니다"라고 하였다. 그것은 실천도학의 실체는 理가 아니라 心일 뿐이기 때문이다.

남명이 사칠논쟁(四七論爭)을 대수롭지 않게 평가한 것은 바로 이 心을 사단칠정(四端七情)의 기조에 깔고 있지 않는 것을 못마땅하게 여겨서이다. 남명은 理보다 心을 중시하고 氣를 생명정신을 발현시키는 실체로 제고시키고자 한 것은 경(敬)과 의(義)를 내세우고 역행(力行)을 강조할 때 주리논자(主理論者)들과 같이 氣를 폄억(貶抑)하거나 배제하면 義의 실천력을 의탁할 곳이 없기 때문이라고 하였다.

남명은 유학의 본질이 하학(下學) 즉 현실의 개선과 발전에 있다는 확신이었다. 앞에서 살펴본 '을묘사직소'와 '무진봉사'에서 알 수 있듯이 가장 시급한 것, 구체적이고 실제적인 현실에 항상 관심을 가지고 있었다. 천리(天理)를 논하면서 일상을 떠나버리면 그 학문은 세상에 해악이 될 수 있음을 우려한 것이다. 당시 조선유학(성리학)이 필연적으로 추상화될 수밖에 없음을 미리 간파한 남명은 과도한 이기론적(理氣論的) 해석체계를 걷어 내고 시대가 요구하는 인재양성을 위해 산천재(山天齋: 주역의 '山天大畜' 卦에서 이름을 따옴. 크게 실력이나 제자를 기르는 의미로 해석됨)를 짓고 거기에서 자신의 자득 위기지학(自得爲己之學)과 실천궁행의 의지, 그리고 학이치용(學以致用)의 실무 교육으로 길러진 인재들은 마침내 16세기 중엽에서17세기 초엽에 이르는 조선조 위태로웠던 시기의 정치 · 학술 · 군사 면에서 위기를 극복하는데 결정적인 활약을 하였다. 오건, 김효원(金孝元), 김동강, 정구, 정탁(鄭琢) 등 쟁쟁한 유현과 명관들, 정인

홍(鄭仁弘), 곽재우(郭再祐), 이대기(李大期), 김면(金沔), 조종도(趙宗道) 등 혁혁한 의병장 등 그리고 최영경(崔永慶)과 같은 고세중명지사(高世重名之士)가 모두 조식의 문하생들이요, 이들은 모두 한결같이 배운 바를 유감없이 실천한 무실역행지사(務實力行之士)들이었기에 조선교육사를 쓴 이만규 같은 이는 조선조 유현들 중에서 가장 성공한 교육가를 든다면 남명 조식이 으뜸이라고 하였다.

특히 남명은 서거 전(임진왜란 20년 전) 임진왜란이 일어날 것을 염려하고 제자들을 기르는데 병법(兵法)을 가르쳤다. 그야말로 나라를 걱정하는 우국지사, 군자(선비)로서의 혜안을 가지고 가르친 실사구시의 산교육이었다. 그 후 과연 임진왜란이 일어나자 앞에서 언급된 곽재우(郭再祐), 정인홍(鄭仁弘), 김면(金沔) 등 3대 의병장과 조종도(趙宗道)를 비롯한 50여 명의 의병장이 그의 문하에서 일어났다. 이들은 병법에도 능숙한지라, 그저 단순히 의기로만 싸우는 것이 아니고, 정규군 이상으로 전열을 가다듬고 전략을 세워 왜적을 무찔렀다. 흔히 의병은 의기로만 싸워 사실상 헛된 희생을 하는 일이 많았지만 남명 문하생이 이끄는 의병이 최소의 희생으로 최대의 전과를 올릴 수 있었던 것은 의병장들이 문사(文士)이면서 무예와 병법을 배워 알았기 때문이다. 이는 남명의 문무병중(文武竝重) 교육의 결과이다.

실질적으로 실학(實學)의 이념을 구현하는 데는 성리(性理)의 이치를 궁구(窮究)하는 것만으로 부족함은 말할 것도 없다. 남명의 학문의 범위는 당시에 있어서 거의 모든 영역에 걸쳐있었다. 즉 사서(四書) · 오경(五經) · 주자(周子: 敦頤) · 정자(程子: 程顥 · 程頤) · 장자(張子: 張載) · 주자(朱子: 朱熹) 등 유학 및 성리학을 연구하여 당대의 대종인 성학(聖學)을 각득하였고 천문(天文) · 지리(地理;地志) · 의방(醫方) · 수학 등 실용도 높은 학술을 연마하였으며 궁마(弓馬) · 행진(行陣) · 관방(關防) · 진수(鎭戍) 등 국가안전을 위한 병법(兵法)도 연마하였다. 그는 한때 자신을 '방장산 노자(方丈山 老子)'라고 칭함으로써 처사라는 이름에 걸맞게 노장(老莊)철학에도 심취했던 것으로 보인다.

남명은 학문이란 생활에서 직접 몸으로 익히고 실천해야하는 것으로 구체적인 삶과 분리되어서는 안 된다고 강조하였다. 따라서 "생활(生活)은 곧 학문(學問)이고 학문(學問)은 바로 생활(生活) 그 전체(全體)를 의미하였다. 즉 학문은 이론의 문제가 아니라 구체적인 실천(praxis)의 문제였다." 그러나 실천을 강조한 남명의 성리학, 즉 그의 정신과 敬과 義의 철학은 그의 사후에도 국가적으로 제대로 조명을 받지 못했다. 현재까지도 중국으로 도망가고자 한 '임금과 병조판서', 그리고 그들에게 동조한 많은 신료들에 대한 제대로 된 '비판'은 없다. 또한 조선 후기 내내 국난극복에 중추적 역할을 한 의병들의 정신과 공로에 대해서도 제대로 된 평가가 거의 없었다. 오히려 '이기론' 계열의 관념적 논의를 높이 평가하면서 현실문제에 대처하는 진지함은 사라졌다. 구체적인 행정은 서리(胥吏)들에게 맡기고서도 태연했다. 실무에 정통한 고위 관료는 찾기가 어려웠다. 조선왕조가 망한 근본 원인은 여기에 있는 것이 아닐까?

남명 선생은 평소에 독서하면서 자신의 공부에 필요하다고 생각되는 말들을 가려 뽑아 적어둔 『학기유편(學記類編)』 중 '학문을 하는 요체(爲學之要)'에 실천을 강조하는 내용이 있다.

"학문하는 목적은 실천에 있다. 다만 알기만 하고 실천하지 못한다면 진실로 배우지 않는 것과 같다. 그러나 실천하려고 하지만 그 이치를 이해하지 못한다면 그 실천 또한 올바른 결실을 맺을 수 없다. 그래서 『大學』의 가르침은 비록 뜻을 성실하게 하는 것과 마음을 바르게 하는 것을 근본으로 삼지만 반드시 사물의 이치를 궁구하는 것과 앎을 극진히 하는 것을 우선적인 공부로 삼는 것이다."

"앎과 실천은 서로 함께 따라가는 것이다. 이는 마치 눈만 있고 발이 없으면 못가고, 발만 있고 눈이 없으면 못 보는 것과 같다. 선후를 따지면 앎이 우선이요, 경중을 따지면 실천이 중요하다."

산천재에서 남명 선생이 시도한 실천적 교육정신을 살려, 대한민국이라는 공동체의식의 함양, 그 공동체가 발전하기 위한 실천방안의 강구, 그것을 행동으로 옮기는 새로운 자각과 함께 그를 뒷받침하는 제도교육에 일대 변화가 필요하지 않을까?

※ 자료 출처 : 김충열(2008), 남명 조식의 학문과 선비정신, 남명집, 권인호(1997), 남명학파의 실학사상연구, 박병련(2017), 남명사상의 세계적 가치와 장기적 발전방안 등에서 발췌 요약한 것임.

50년 만의 주례사 외 1편

최 학 용

수은주가 34도를 가리키는 푹푹 찌는 한낮이다. 아들 며느리가 큰 상자를 무겁게 마주 들고 들어선다. 이 더운 날 뭘까? 전축이란다. 최신형 전축이다. 저희들이 가지고 있는 오디오 시설이 좋다했더니 엄마에게 음악 감상실을 마련해주고 싶어 했다. 엄마는 있는 것도 치워야 될 나이라며 말렸는데, 많이 축소해서 조촐한 것으로 장만한듯 했다. "뭘 이렇게 애써"라고는 했지만 신경 써주는 것이 고맙고 기분 좋았다. 얼마나 바쁜 아들며느리인데……. 이런 일에 신경을 쓰다니 미안하기까지 했다. 라디오는 물론 CD, USB, LP판 라디오 등 복합적인 기능을 가진, 간단하면서도 내실을 기한 기계였다. 아들의 자상한 설명은 시작되고 벌써 조용한 클래식음악이 흐른다. 더위까지도 멀리 사라지는 기분이다. 참 좋았다. 방안은 금방 음악 감상실로 변했다.

독일제 듀알 전축, 구룬디히 라디오를 1966년에 사서 지금까지 가지고 있었다. 오래 되었어도 비싼 값을 치른 세계적인 상표기에 지금까지 모셔(?) 두고 있었다. 앰프는 다 녹아서 버렸다. 오히려 퇴직 후 장만한 국산 전축은 요긴히 써왔다. Lp판도 제법 가지고 있다. 결혼 할 때 남 동생이 가지고 싶다며 두고 가라고 했다. 그때 음악 감상에 대한 꿈으로 부풀어 있었기에 동생의 애원하던 마음을 거절했다. 혼수 제1호로 여겨 우아하게 차려놓고 많이 사용하려던 계획은 마음뿐 일상에서 음악 감상의 시간 여유는 주어지지 않았다. 직장과 살림을 병행하며, 육아에, 시부모님 병환 간호, 그리고 본인의 중병치레까지 하느라 몇 번 꺼내 보지 못했다. 동생이 그렇게 원했는데도 안 주고 묵힌 못된 누나가 나인 것을 요즘 반성한다. 동생 보기에 면목이 없다.

1969년 12월 6일, 오후 3시 종로 5가 이화예식장에서의 결혼식. 실황녹음판을 가지고 있었는데 한 번도 들어볼 기회가 없었다. 50년 전 부모님 결혼식이 궁금했던지 어서 들어보자며 서두르는 아들 며느리, 그 신랑 신부인 우리 내외는 멋쩍기 한이 없었다. 이화예식장 실황 녹음판이 벌써 아들 손에 의해 턴테이블에 올려졌다. 신랑 윤 군과 신부 최 양 이라는 주례사의 시작 멘트에 우리는 동시에 소리 내어 웃었다. 주례사가 어찌 길던지 그때는 귀에 아무 소리도 들리지 않았다. 지금 들으니 정말 영양만점의 당부가 담긴 주례사였다. 요즘은 주례사가 짧거나 생략 혹은 덕담으로 순서를 메우는 추세가 아닌가? 주례선생님은 신랑의 은사이신 전 통일부 장관 유 상근 장로님. 그 후 명지학원 재단 이사장을 지내신 분이시다. 부모님 공경하고, 현모양처로서 할 일을 조목조목 일러주셨다. 신학 박사답게 성경구절을 인용, 평생을 하나님과 함께하라는 당부도 있었다. 손녀딸 혜원 지원이가 모두 명지 초등학교 졸업을 했음도 인연이란 생각이 든다. 그때 오셨던 하객들은 세상을 많이 뜨셨고 양가 부모님도 안타깝지만 우리를 두고 떠나신지 오래다. 하객 여기저기서 하는 얘기 중 생각나는 말이 있다. 12월 6일 추울 때 인데 하객들이 겉옷(두루마기 입은 사람이 많았음)을 벗어 들 정도로 따뜻했다. 그래서일까? "신부가 마음이 따뜻한가 보다"라는 말이 들렸다. 그리고 "신부가 너무 말라서 애기를 낳겠느냐"며 "개미허리인 신부가 애기 낳으면 내손에 장을 지진다는 약속까지 하는 말에 어이가 없었다. 너무 심하다는 생각을 떨쳐 버릴 수가 없었다.

신부를 걱정해서 한 대화리라. 신부를 위해 더 기도해 주지 않았을까? 그런 생각으로 위로를 삼았다. 신부체중 38kg에 허리가 23인치. 그런 걱정을 할만도 했다. 드레스도 허리 맞는 게 없어서 맞춤으로 했고, 신랑의 키가 작아서 하이힐대신 실내화를 구해서 신었던 기억들이 되살아난다. 그런 신부가 튼실한 아들과 예쁜 딸을 낳았다면 어떤 반응일지 궁금하다. 신랑은 처가의 심한 반대를 무릎 쓰고 성혼한 기쁨을 여행 떠나기 전 남산에 올라 '내가 승리했노라'고 허공을 향해 외치던 메아리가 지금도 귀에 들리는 듯하다. 요즘처럼 외국으로 신혼여행을 가고 국내여행도 여러 날 휴가를 낼 수 있던 때가 아니었다. 여행지는 주로 온천이었다. 우리 신혼 여행지도 온양 온천이었다. 신혼여행기간 동안 내가 맡은 일을 대신할 친구를 구해놓고 고작 2박 3일 다녀와서 근무했다.

첫날 밤. 다음날 아침이다. 창문을 여니 눈이 무릎에 찰 정도로 많이 쌓여 있었다.

"신혼첫날 눈이 많이 내리면 부자 된다"고 하는 말을 들은 적이 있다. 그 말을 믿었다. 싫지 않은 말이었다. 축가 시간엔 재직하고 있는 학교 오케스트라 단원들이 웅장한 팡파르를 울려주었다. 지금 학생들의 이름은 기억 못 하지만 시간 내서 귀한 축하를 해준 제자들을 한

번 불러 모으고 싶다. 그때 얘기를 나누며 흐뭇한 잔치를 베풀어 주고 싶은 마음 가득하다. 그때는 피로연을 선물로 대신하던 때였다. 그런데다 늦은 점심시간이었다. 빵(카스테라) 한 상자씩 손에 들려 보냈는지? 식사를 챙겨주었는지는 기억에 없음이 유감이다. 시골서 오신 하객들과 학생들은 식사 대접을 한 걸로 기억한다는 신랑의 말을 들으니 다소 위안이 된다.

그래도 잔치는 배불리 먹고 즐기는 게 아닌가? 그런 서운함이 지금의 너무 성대한 피로연으로 변질(?)된 것은 아닌지?

50년 전 결혼식 장면을 녹음으로 들으며 많은 생각을 떠올린 이례적(?)인 날이었다. 더위도 잊은 채 아들 며느리와 경건한 시간을 가진 행복한 순간이었다. 아들 며느리는 새삼스럽게 생각지도 못했던 엄마 아빠의 주례사를 듣고 무슨 생각을 했을지 궁금하다. 우리 내외가 만나 연을 맺어 1남 1녀를 두고 지금 그 애들이 또 둘씩 자식을 두었으니 귀한 손녀 셋에 손자 하나, 우리 식구가 열 명이 되었다. 그런데 친 손자를 얻지 못한 게 한편 섭섭하다. 우리가 받는 아들 며느리의 효도를 아들은 못 받겠구나 하는 생각 때문이다.

우리가 자식들의 울타리더니 점점 아들딸이 우리의 울타리가 되어주니 든든하다. 결혼식 사회를 맡았던 남편 친구는 지금도 귀한 일로 사회에 봉사 중이고, 양가 대표 인사말을 해주셨던 작은 아버지는 5년 전 세상을 떠나셨다.

놀이동산보다 신나는 우리 가정의 울타리는 우리 열 명이 지킨다. 우리가족 파이팅!

자연과의 만남

입추가 지난 지 3일째다. 벌써 아침저녁 공기가 다르다.

연일 폭염주의보에 온 국토가 열기로 가득하더니 폭염은 사라지게 마련인가 보다.

어쩜 24절기는 이렇게 확실한지? 조상들의 지혜가 늘 돋보인다.

창을 열고 잠을 청해본다. 밝은 보름달이 내 창가에 머물러 잠을 방해한다.

손녀 혜원이 네 살 때 생각이 난다. 아들이 영국 런던 옥스퍼드대 우주 천문학 연구원으로 있을 때, 애비 따라가서 머무를 때였다. 창문에 비친 환한 달을 가리키며 "할머니 저 달이 한국서 본 그 달이예요?"라고 물었다. 그때 그달도 보름달이었다. 네 살 적 어린 마음에도 둥근달을 바라보는 마음의 여유가 있었는데……. 혜원이는 이제 어엿한 고교 2학년, 공부에 시달리는 현장에 있다. 지금은 달을 보아도 그런 낭만이 공부에 밀려 사라졌을까? 공부에 바빠도 마음만은 쫓기지 않기를 바라는 마음이다.

귓가에 들리는 풀벌레소리 중 귀뚤귀뚤 귀뚜라미가 운다. 틀림없는 귀뚜라미 울음소리다. 지구가 온난화로 변해가고 있다니 절기의 특성이 살아질까 두렵다. 우리 자손들이 살아가기 편한 지구가 되기를 간절히 기원한다.

올해 피서지는 전철로 편히 갈 수 있는 경기도 양평군 양평으로 정했다. 서울서 가깝고 온천도 있기에 가끔 가는 곳이다. 남한강 식수보호지역으로 정해진 청정지역이다. 반딧불이가 서식하는 곳 이기도하다. 서울보다 2,3도 쯤 기온이 낮음을 금방 피부로 느꼈다. 맑은 공기 덕분인 것 같다.

2일째 되는 날, 용문산 계곡에 발을 담갔다. 피서 중 가장 확실한 피서를 했다. 계곡의 물 그리고 용문산에서 흐르는 물이 폭포처럼 소리 내어 넘치며 흐른다. 가뭄에 왔을 때와 많은 차이를 보였다. 얼마 전 폭우가 쏟아질 때 평상을 치우려던 두 사람이 떠내려가는 사고가 방송에 보도 되었다. 화면에 비칠 때 보니 우리가 머물던 그 자리였다. 집중 폭우의 위력을 본 셈이다. 소름이 돋았다. 용문사 앞 수령 1,100년이라는 은행나무 있는 곳에 갔다. 지금도 가지가 꺾어질 정도로 은행이 달렸다. 매 해 여덟 가마니의 은행을 수확한다니 놀랍다. 사람으로 치면 몇 살까지 자손을 번성시킨다는 말인가? 우리 아파트 단지에 수령 400년인 은행나무가 있는데 열매를 한 번도 맺지 않았다고 들었다. 나무의 암 수 차이가 이렇게 극명한 것인지?

만약 우리단지 내의 은행나무에서 열매가 달린다면 열매 익을 때의 냄새로 주민들이 얼마나 들끓었을까?

아마 그래서 재개발 할 때 나무를 보존했을 거란 추측이 간다. 열매는 안 맺어도 얼마나 큰 몫을 하는지 모른다. 그늘을 제공하고, 공기를 맑게 정화해 주고, 늠름한 활기를 주민들에게 주지 않나? 오늘 아침에도 은행나무 아래서 운동을 하고 기를 받으며 하루를 시작했다.

서울로 오는 길엔 경기도 양수리 소재 세미원에 들렀다. “물을 보며 마음을 씻고, 꽃을 보며 마음을 아름답게 하라”는 뜻으로 지어진 이름이라 했다. 더위에도 많은 사람들이 구경하며 더위를 잊고 있었다. 마침 몇 번 왔어도 처음 접하는 행운을 얻었다. 국보 180호인 추사 김정희 선생의 세한도를 상세히 설명해놓은 ‘약속의 정원’을 둘러볼 기회를 접했기 때문이다.

대학자이신 김정희 선생이 억울한 누명을 쓰고, 우리나라 맨 남쪽 제주도 끝자락 대정 고을에서 귀양살이를 하게 되었다. 말이 바다인 제주도지 바다를 바라보지도 못하는 유배지였다고 전해진다. 가시 울타리가 쳐진 외딴 초가집에서 외롭고 쓸쓸한 삶을 사셨던, 추사선생의 공허하고 텅 빈 마음을 뻥 둘린 가슴의 하르방을 통해 표현하고, “추사 하르방”이라 명명해 놓은 하르방이 있는데 모두들 그곳에서 사진을 찍었다. 우리도 한 컷 포즈를 취했다.

조선 후기의 대표적인 서예가, 금석 학자, 실학자이시다. 충남 예산에서 이조판서 김노경의 맏아들로 태어나서 어린 시절부터 신필로 알려져 두각을 나타냈다. 1809년 생원시에 합격하고 1819년 문과에 급제한 후, 충청 암행어사 예조참의, 성균관 대사성을 거쳐 1837년에 병조참판이 되었으나, 반대파의 중상모략에 의해 1840년부터 1852년 까지 제주도와 함경도 북청 등에서 유배 생활을 하였다. 유배 생활 중 본인의 심경과 제자 이상적에 대한 고마움을 표현한 걸작 세한도를 완성하였다. 그는 시와 그림 글씨 등의 예술 세계에서 천부적인 재능을 발휘 하였으며 특히 서예는 독특한 서체인 추사체로 서예사상 최고의 경지를 이루었다.

한옥의 아름다움과 추사 김정희 선생의 발자취를 느낄 수 있는 충남 예산 생가 고택도 가보았고, 추사체 붓글씨도 배워 보았으나, 그의 자세한 삶에 대한 정보는 처음 접함이 부끄럽다. 예나 지금이나 이름이 나면 시기가 있고 어려움이 있는 법. 그래서 더 돋보이는 추사 김정희 선생을 세상 사람들이 귀히 여기는 인물로 꼽는지도 모를 일이다. 그런 역경조건이 없었다면 과연 추사의 재주가 이렇게 뛰어났을까?

지난해에도 세미원에 들렸는데 풍성한 연꽃에 매료되어 탄성(?)만 지르다 사진 찍기에 바쁜 시간을 보내고 왔다. 이번 기회에 뜻있는 역사 공부를 제대로 한 셈이다. 지난 해 보다 한 달이나 늦은 때라 연꽃이 다 진줄 알았는데 늦게 피는 연못이 따로 있어서 그런대로 풍성한 꽃을 볼 수 있었다. 행운이었다. 연꽃 특유의 풍성함, 색깔과 줄기의 튼실함, 지구를 싸서 들고 다녀도 남을 듯한 커다란 잎, 모두가 보는 이의 마음을 넉넉하고 편안하게 해주었다. 늦은 점심 메뉴는 당연히 연잎 밥이었다. 커다란 접시위에 연잎보따리를 풀 듯 펼친 연잎 속엔, 차진 찰밥에 은행, 작두콩, 밤, 대추 등이 들어 있었다. 입맛을 돋우어 주는 영양밥이었다. 집으로 향하는 발길에 힘을 실었다.

8월 20일까지 야간 개장도 한다고 홍보중이다. 야간 경치도 볼거리일 것 같다. 조각가들의 조각품 전시회, 화가들의 연꽃 그림들이 전시되어있어 풍성한 피서의 말미를 장식했다. 세미 원 내년에도 다시 가고 싶은 곳이다.

23시간 외 1편

유 경 희

공항버스를 타기 위해 나란히 세워둔 캐리어를 끌려던 순간 깜짝 놀란다.

"네 가방은?"

아이의 캐리어 위에 걸어두었던 백팩이 없다. 아이는 누군가 집어갔다며 무작정 앞으로 달려가고, 버스는 저 멀리 들어오고 있다. 캐리어를 두고 아이를 쫓아갈 수도, 그렇다고 두 개를 끌고 쫓아갈 수도 없어 그냥 돌아오라고 소리를 지른다. 누가 가져갔는지도 모르고 어느 방향으로 갔는지 알 수 없는데 어디로 가서 찾는가 말이다. 공항에 간들 비행기를 탈 수 있을지 모르겠지만 지금 버스를 안타면 비행기를 놓쳐버리기에 일단 버스를 탄다.

여권 재발급은 마드리드의 한국대사관에서만 받을 수 있단다. 대사관 직원이 바르셀로나로 가는 비행기를 마드리드로 바꾸어 달라고 해서 가는 것이 가장 빠르고 좋은 방법이라고 한다. 공항에 도착하여 대사관에서 안내받은 직원을 찾아 부탁을 했지만 당연히 거절당했다. 바꾸어준들 여권도 없이 어떻게 가겠느냐며 반문한다. 캐리어를 뒤져 복사본을 꺼내들었지만 거들떠보지도 않는다. 대사관직원이 전화로 얘기해주면 국내선이니까 탈 수 있을지도 모른다는 기대를 한 것부터 잘못이다.

다시 공항버스를 타고 오던 길을 거슬러 고속버스터미널로 갔다. 저녁 8시 30분에 그라나다를 출발하여 새벽 1시쯤 마드리드에 도착하는 버스표를 산다. 아이는 예약한 바르셀로나의 호텔에 전화해서 오늘은 못가지만 내일은 가겠으니 방을 남겨달라고 이야기한다. 나는 그 옆에 쭈그리고 앉아 미리 요금을 지불하고 예약한 카탈루냐 광장의 비싼 호텔은 빈방으로 놔두고, 그 밤에 몸을 뉘일 싼 호텔 검색에 들어간다. 새벽 1시 넘어 들어가야 하기 때문에 구글 맵을 돌려 우선적으로 터미널에서 호텔까지의 이동시간을 알아본다. 터미널이 도대체 어디쯤 위치했는지 주변 환경이 어떤지도 알 수 없는 상황에서 막막하다. 문득 그라나다에서 택시를 탔을 때 기사아저씨가 내비게이션에 숫자를 입력하던 게 생각난다. 도착지에 굳이 호텔명을 넣지 않아도 주소에 있는 우편번호처럼 보이는 5자리 숫자만 넣으면 버스 및 택시, 도보 시간 등 길 찾기가 완료된다. 이 나라는 주소체계가 왜 이렇게 잘되어 있는지 그 와중에 감탄한다. 버스를 타고도 나의 호텔 찾기는 멈추지 않았건만, 정작 사건의 당사자는 마치 어린아이처럼 옆에서 새근새근 잘도 잔다.

버스에서 예약한 숙소는 터미널에서 택시로 5분정도 걸렸다. 호스텔임에도 새벽 1시가 넘어 체크인이 가능했으며 숙박료도 저렴했다. 아침에 창밖을 내다보니 호스텔 앞 횡단보도를 건너면 바로 전철역이다. 비록 대사관까지는 메트로와 버스를 타고 도보로 헤매면서 1시간이나 걸렸지만, 이정도면 행운이 따라준 셈이다.

여권을 만들고 다시 기차역으로 가서 바르셀로나행 기차표를 끊었다. 렌페 안에서도 나의 예약은 계속된다. 가우디 투어를 예약했지만, 그 시간에 마드리드에 있었으니 당연히 못 갔다. 티켓예매 없이는 들어가기 힘들다 하니, 가이드가 구입하기로 한 가우디 대성당이며 구엘공원 티켓을 구입해야 한다. 티켓의 종류가 어찌나 많은지 무엇을 구입할지 몰라 블로그를 뒤져가며 간신히 예매했다.

기차 안에서 비로소 안도감을 느꼈는지, 아이가 자신은 이번 여권 사건으로 느낀 게 있다며 말을 건넨다. 이런 큰일을 겪고도 화를 내지 않고 의연하게 대처해준 엄마에게 효도 할 것이며, 이번 일로 의사소통의 중요성을 느꼈기 때문에 영어를 더욱 열심히 공부하고, 자신이 돈을 벌면 꼭 엄마와 다시 바르셀로나에 와서 잃어버린 하루를 보상해 주겠다는 결심을 했단다. 순간 모든 피로가 다 풀리는 듯하다.

사실 가방을 잃어버린 게 아이만의 잘못은 아니다. 가방을 옆에 두고 챙기지 않은 건 둘 다 마찬가지다. 같이 수다 떨고 사진 찍으며 놀았으면서 아이의 여권이 없어졌다는 이유로 아이를 탓할 수만은 없다. 이건 누구에게나 있을 수 있는 일이고, 어떻게 대처하는가가 차이점을 낳는다는 걸 알면 큰 공부한 거라고 말해준다. 특히 엄마를 다시 바르셀로나에 데려와준다는 약속은 꼭 지켜야 한다고 다짐받는다.

아이는 모른다. 난 절대로 의연하게 대처한 것이 아니다. 단지 어쩔 수 없었을 뿐이다. 이미 엎질러진 물은 화를 낸다고 다시 담을 수 없다. 사람은 큰일을 당했을 때 오히려 담담해진다. 일단 해결을 해야 하기 때문이다.

바르셀로나에 도착하니 4시, 전날 5시에 그라나다 공항버스를 타는 순간부터 23시간 만이다. 원래 도착하기로 한 시간보다 19시간 늦었다. 만 하루 동안의 일이 꿈만 같다. 하루 동안 세 개의 도시를 이동하며, 장거리야간버스에 기차, 시내버스에 지하철까지 온갖 교통수단을 이용했다. 계획에 없던 이동이라 지도를 들고도 방향을 잃어

헤매기도 했다. 열흘간의 짧은 여행기간 중에 하루를 잃었다. 여행객에겐 시간도 돈이라 했는데 19시간을 잃고 실제로 많은 돈을 낭비했다.

모든 것이 계획대로 되지는 않는다. 출발이 확정되는 순간 모든 예약을 환불불가 요금으로 미리 지불했다. 그리고 계획이 어긋나는 순간 그것들은 다 날라 가고, 계획에 없던 새로운 카드결제는 계속됐다. 작은 이익에 만족하던 마음은 큰 손해에 폭풍 맞은 듯 쓸려가 버린다.

돌발 상황이라는 것을 감안하면 그나마 감사하고 다행한 일이다. 여권을 그날 잃어버렸기에 마드리드에 가서 다시 만들어와 제 시간에 돌아오는 비행기를 탈 수 있었다. 만약 바르셀로나에서 여권을 잃어버렸다면 예정된 비행기를 타지 못하고 다음 비행기를 알아봐야했고, 그렇게 되면 서울에서의 일상도 꼬였을 것이다. 말이 통하지 않는 외국인들과 일을 해결하면서 아이는 영어공부를 열심히 해야 한다는 것을 몸으로 느끼고, 이제 닦달하지 않아도 스스로 하겠다고 한다. 물론 얼마나 갈지 모르겠지만 실제로 겪고 느낀 건 값진 경험일 것이다. 더군다나 효도까지 결심해줬으니 나는 딱히 손해 본 것도 없는 것 같다. 가이드 없이 가우디 투어를 직접 한 것도 좋은 경험이다. 덕분에 미리 공부하고 갔고, 버스와 전철로 찾아다녔으니 훨씬 기억에 남는다.

여행을 통해 얻을 수 있는 건 눈으로 본 것만이 다가 아니다. 실수와 어려움을 통해서 얻게 되는 것도 많다. 그리고 그 어려움을 극복하면서 공유한 기억은 사진으로 담아온 추억이상으로 가슴에 남는다. 잃어버린 돈이나 시간보다 많은 것을 얻었다.

만약에

신호는 몇 번이나 바뀌었는데 차는 10분 째 제자리에 있다. 출근 시간임을 고려해서 일찍 나왔건만 내비게이션의 도착 예정시간은 자꾸만 늘어난다. 어쩔 수없이 아이에게 내려서 전철을 타고 가라고 한다. 학교까지는 전철로 두 정거장 남았으니 8시 35분 전철을 타면 8시 50분 정도에는 도착할 것 같다. 내려서 전철역을 향해 정신없이 뛰는 아이의 뒷모습을 보고 있자니 마음이 편치 않다. 여유 있게 도착해서 한숨 고르고 실기시험을 봐도 모자랄 판에 이렇게 가슴 졸이고 가서 자신의 기량을 제대로 펼쳐 보일 수나 있을지 걱정이다. 지금부터 4분정도 남은 시간에 전철을 탈 수 있을지, 전철에서 내려 처음 가는 학교를 제시간에 찾아들어갈지 불안하기만 하다.

학교까지는 전철이나 버스를 타면 집에서 30분 정도면 충분하다. 실기시험에 사용할 소품이 버스에서 눌릴지도 모르니까 데려다준다고 나서지 않았다면 아이는 이미 학교에 도착했을 것이다. 만약에 아이가 밥을 먹으면서 핸드폰을 들여다보지 않고 10분만 일찍 나왔더라면 전철로 바꿔 타지 않아도 됐을지 모른다.

아이는 미대를 졸업하고 군대를 다녀왔다. 이제 취업해서 부담을 좀 덜어주나 싶었는데 느닷없이 연기자가 되고 싶단다. 평소 끼라고는 찾아볼 수 없던 아이가 가끔씩 지면광고 아르바이트를 하는 것도 이해하기 힘들었는데 배우가 되겠단다. 배우란 화면에서나 보는 사람이지 내 집에서 함께 사는 사람이 한다는 건 생각해본 적도 없다. 그러나 이제 겨우 20대 중반의 아이가 하고 싶은 일을 시작도 해보지 못하고 엄마의 반대로 포기한다면 나 역시 평생 미안해하고 후회할 것 같다. 연기학원을 보내주는 대신 조건을 건다. 졸업하고 군대도 다녀온 네가 아르바이트나 하고 배우가 되겠다고 여기저기 기웃거리면 백수와 다를 바가 없다고 생각한다, 정 하고 싶으면 편입을 해서 학생의 신분으로 네 길을 찾으라고 했다.

그러고 보면 학생이란 신분은 일종의 보호막인지도 모른다. 편의점 아르바이트를 해도 학생이 하면 미래를 위한 준비라고 이해하지만, 대학을 졸업한 아이가 하면 무능력한 사람으로 보일 것이다. 아이는 미대편입보다는 차라리 연기학과에 다시 입학해서 처음부터 착실히 배우며 준비하고 싶다고 한다. 제대하고 3개월 준비하고 수시입학접수를 했다. 오늘이 들어가고 싶다는 대학교의 시험을 보러 가는 날이다.

요즘 '타임 슬립'을 소재로 한 드라마가 자주 방영된다. 대학 때 본 '빽 투 더 퓨쳐'란 영화는 타임머신이란 기계를 이용해 과거로 갔다가 현재로 돌아오는 내용이었다. 당시에는 워낙 독특하고 신선한 소재라 굉장히 재미있게 보았고 아직까지 기억에 남아 있다. 예전 영화가 과학을 이용한 시간 여행인 것에 비해 요즘엔 자기 의지와 상관없이 갑자기 과거로 빨려 들어간다. 과학이 발전 된 어느 날 타임머신이 발명될지도 모른다는 기대감으로 보기 보다는, 느닷없이 과거로 끌려가는 요즘 드라마가 오히려 과학적으로 전혀 설명되지 않는 초상현상이기에 더 가능성이 있어 보인다.

시간이 미끄러져서 과거에도 가고, 미래에도 가며, 현재에도 돌아올 수 있다는 동화 같은 이야기에 넋이 빠져 뚫어지게 화면을 쳐다본다. 이런 종류의 이야기에 마음을 빼앗기는 건 어쩌면 되돌리고 싶은 순간이 많아서일 수도 있고, 돌아가고 싶은 순간이 있기 때문인지도 모른다. 만약에 과거로 돌아가서 다른 길을 선택했다면 현재를 바꿀 수 있을지도 모른다는 기대 탓이리라.

만약에 그때 그 주식을 사지 않았더라면, 면접이 겹치던 그 날 그 학교에 가지 않고 다른 학교에 갔더라면, 환불불가조건으로 50퍼센트 할인된 가격에 그 물건을 덜컥 사지 않았더라면……. 만약에 다른 선택을 했더라면 주식으로 많은 돈을 벌수도, 학교에 붙을 수도 있고, 갑자기 계획이 변경됐을 때 필요 없는 물건으로 인해 손해를 보지 않을 수도 있다.

그러나 시간을 되돌려서 그 주식이 아닌 다른 주식을 샀더라도 가격이 더 많이 내렸을 수 있고, 다른 학교에 갔어도 떨어졌을 수 있으며, 일이 생겨 아예 이사를 가지 못할 수도 있다. 만약에 '만약에' 라는 순간으로 되돌려져도 현재를 바꿀 기회는 없을지도 모른다.

그럼에도 불구하고 무엇인가 일이 잘못 됐을 때, 더 좋은 것이 있다고 생각될 때, 손해를 봤다고 생각될 때 '만약에'라는 가정을 하곤 한다. 이미 어쩔 수 없는 일이고, 시간을 되돌리지 않는 한 절대로 바꿀 수 없는 일임을 잘 알수록 '만약에'라는 단어를 떠올린다. 절실하지만 결국은 쓸데없는 일이 '만약에'라는 가정일지도 모른다.

절실하게 원하는 것일수록 그것을 놓쳐버리게 된 결정적 순간을 떠올릴 수밖에 없다. 만약에 그때 다른 선택을 했다면 현재는 바뀌었을 수도 있다. 그러나 바뀐 현재에서도 왠지 나는 또 다른 '만약에'를 상상하고 있을 것만 같다.

살면서 '만약에'를 가정하지 않는 만족스러운 현재는 없던 것 같다.

'그때 그렇게 했더라면……, 혹은 그렇게 하지 말았더라면…'이라는 이제는 아무 소용없는 '만약에'를 하루에도 몇 번씩 하니 말이다. 하다못해 10분만 일찍 나왔어도, 엘리베이터를 기다리지만 않았어도 떠나는 전철의 뒤꽁무니를 아쉽게 바라보지 않았을 것이라는 후회를 한다.

누구에게나 가지 않은 길에 대한 기대와 하지 못한 것에 대한 아쉬움, 지금보다 더 나은 미래를 원하는 마음 등이 있을 것이다. 후회되는 순간에 '만약에'를 떠올리는 건 잘못된 일에 대한 안타까움에 그 모든 것들이 엉켜있기 때문인 것 같다. 앞으로의 삶에서 '만약에'라는 순간을 떠올리는 횟수가 적었으면 좋겠다.

연결(連結)고리

황 정 순

얼마 전 나의 한 친구는 자신의 생일날에 아들딸, 며느리, 사위 손자 등 20여명과 함께 음식점에서 식사하고 집으로 돌아와 케이크와 차로 생일 축하를 받았다. 그 자리에서 친구는 "내가 죽으면 제사 대신 그날 음식점에 형제들이 다 모여서 식사를 하면서 형제간 우애를 나누고, 서로 잘 지내기 바란다."는 당부를 했다고 한다.

요사이는 제사의 번거로움을 덜기 위해 아버지 어머니 두 분의 제사를 묶어서 한번만 지낸다는 이야기도 있다. 또 명절 때는 콘도를 예약하여 거기서 간략하게 제례를 행한 후 휴식 겸 관광을 하기도 한다는 말도 들린다. 잘 모르기는 하지만 이런 저런 이유로 간소화 내지는 제사의 횟수를 줄여나가는 것이 하나의 흐름이 아닌가 하는 생각이 들 때도 있다.

나는 10년 전부터 친정 부모님 제사를 책임지고 있다. 경험해보니 제사의 제수품의 준비, 진설, 의식 등 그 의미와 절차가 간단하고 쉬운 것은 결코 아니다. 그동안 나는 시댁의 제사에 종종 참여해 왔다. 모든 식구가 모여서 제복으로 갈아입고 경건하고 엄숙하게 제기와 제물을 챙긴다. 제사의례에 따라 병풍을 치고 신주(지방[紙榜])을 모시고 예물을 진설한 후 촛불을 밝히고, 향을 피워 제향을 거행하는 과정이 하나의 종교행위 자체라고 느껴지기도 했다. 집례를 주관하는 시아주버니는 마치 성당의 신부 같다는 착각이 들기도 한 때가 있었다. 그리고 옛날에는 제사 지내기 일주일 전부터 행동도 조심하고 마음을 모으는 재계(齊戒)를 반드시 실시한다는 것이다. 집 안밖의 청소와 정리 정돈도 한다. 험한 일이나 좋지 않은 일은 피하고 선한 일, 바른 행동을 하려고 노력하며, 심지어는 입에 냄새가 나는 파나 마늘 같은 음식도 먹지 않았다고 한다. 물론 지금도 그렇게 하는 분이 없는 것은 아니다.

그 당시와 비교하면 그동안 사회가 발전하고 복잡해져서 개인적인 생활모습도 그에 따라 많은 변화를 가져왔기 때문에 옛날 방식을 그대로 고수한다는 데에는 많은 문제가 있겠지만 부모를 공경하고 은혜를 생각하는 그 정신은 이어가야 하지 않을까싶다. 그것은 선조들이 제사를 공경히 거행하려고 노력한 것은 그것이 바로 孝를 실천하는 것이었기 때문이리라.

금년에도 기일을 맞이하여 나름대로 준비했다. 대청소도 하고, 작은 방에 있는 병풍도 밖에 가져나가 먼지를 털고, 큰 상도 깨끗하게 닦았다, 제수 품은 시장에서 산 것도 있지만, 사과와 감, 대추는 집 주변에 심은 나무에서 수확한 것이다. 무, 배추, 감자, 고구마를 비롯한 밭에서 재배한 도라지, 직접 채취한 고사리 등도 있다. 탕국 재로도 준비하면서 자연스럽게 부모님 생각도 하게 되었다. 지난날 부모님에 대한 여러 가지 애틋한 회상과 함께 무언의 대화, 이러한 것 자체가 새삼 제사의 의의라고 느껴지기도 한다.

제사 당일 아침 언니한테서 전화가 왔다. 지금 서울에는 눈이 많이 와서 동생들과 함께 제사에 참석하려고 했지만 불가피하게 갈 수 없게 되었다고 한다. 이곳 함양은 햇볕이 쨍쨍 나는데 말이다. 하늘의 뜻이라 어쩔 수 없는 노릇이다. 사실 추운 겨울인데 서울에서 이곳까지 온다는 자체가 무리이다. 조촐한 식구만으로 제례를 행하였다. 제

주로서 한복을 갈아입고 큰절을 드렸다. 형제 모두 건강하고 잘 살고 있는데 대한 감사한 마음을 전했다. 어쩐지 눈물이 핑 돈다. 열심히 잘 살아야겠다는 다짐이 가슴에 스며드는 것 같다. 그것이 부모님의 소망일 것이기 때문이다.

제사(제사의 주체인 현재의 나)는 과거(선조)와 미래(후손)를 연결하는 작용을 한다. 즉 "조상 – 부모 – 나 – 자식 – 후손"이라는 관계가 孝라는 관념을 매개로 유지된다고 보는 것이다. 아울러 제사는 선조의 존재를 확인하는 것이다. 선조가 있다는 의식을 통해 선조로부터 나 자신에 이르기까지 생명이 연속되어 왔음을 확신하게 된다. 그리고 '나'라는 개체는 죽음으로 소멸하지만 자식이 있으면 나의 생명은 자식(후손)을 통해 계속 존재한다는 믿음인 것이다. 이것은 나의 존재의 유한성의 단절이 다시 단절될 자식(후손)의 유한성과 접합됨으로써 무한하게 된다는 것이다. 유한한 시간의 연접이 제사라는 연결고리를 통해 무한하게 되는 데에(영생) 그 의의가 있다고 해야 하지 않을까.

기록은 추억이다 외 1편

장 숙 희

밤마다 침대 위에서 즐겨 보는 책이 있다. '칸나 호돌이 학습장'이라는 단어가 보이는 이 책은 겉표지는 낡았고 얇은 공책이 세 권씩 검정 실끈으로 묶여져 있어 세월이 많이 흘렀음을 보여준다.

이 책들은 나에게는 세상에 단 하나밖에 없는 베스트셀러이다. 밤마다 혼자서 큰소리로 웃기도 하고, 빙긋이 미소 짓기도 하면서 공책 속에 나오는 인물이 생각나지 않아 고개를 갸우뚱할 때도 있다.

내 아이들이 어릴 적 초등학교 때 기록한 일기장을 모두 모아둔 것이 이렇게 나이가 들어 재미와, 위로와, 그리움이 될 줄 몰랐다. 딸과 아들은 결혼을 했고 나이도 마흔이 넘었다. 그러나 나의 마음은 늘 아이들의 어린 시절에 머물러 있는 것 같다.

어느 책에서 읽은 내용이다. '우리는 인생의 많은 날들을 살고 있지만 먼 훗날 뒤돌아보았을 때 우리의 기억에 깊이 새겨져 잊히지 않는 순간들만이 우리들이 참삶을 살았던 순간들이다.'라고.

아이들의 일기장은 잊혀졌던 순간들까지도 떠오르게 하는 능력이 있고, 내가 살아온 길을 엿볼 수 있어 늦은 가을 날 노란 은행잎이 떨어진 길을 걷고 있는 기분에 젖게 하기도 한다.

"기록은 생명이다. 호랑이도 죽으면 가죽을 남기는데, 사람이라면 글을 통해 자신의 삶의 흔적을 남기고 가야하는 게 맞지 않느냐." 이 말을 듣는 순간 알 수 없는 깊은 감동이 나의 온 몸을 휘감았다. 7년 전 오경자 교수님께서 신일교회 문화원에서 기록에 대한 강의 때 하신 말씀이다.

교수님의 열띤 강의는 글쓰기에 초보자인 나에게 용기를 주셨고 큰 힘이 되었다. 내가 글을 쓰고자 하는 목적은 무슨 유명한 수필가가 되기 위함이 아니라, 나의 삶의 흔적이라도 남기고 싶어서이다. 글을 쓰고 싶은 마음은 하나님께서 주신 큰 달란트라고 하셨다.

다음은 기록에 대한 교수님의 강의내용이다. 사도세자가 아버지인 영조에 의해 뒤주에 갇혀 죽은 사건을 자세하게 쓴 사람은 사도 세자의 부인인 혜경궁 홍씨였다. 그 글은 처음엔 '홍씨 일기'였는데 나중에 '한중록'으로 바뀌었다.

'인현왕후전'도 인현왕후를 밑에서 보필하던 궁녀가 썼다. 인목대비의 아들 영창대군은 광해군에 의해 강화도 바닷가 방안에서 뜨거운 군불에 증살 되었는데 이것도 역시 궁녀가 썼다. 이 일이 계축년에 일어났다고 해서 '계축일기'로 전해지고 있다. 우리가 즐겨보는 사극드라마의 중요한 소재가 되는 이 이야기들이 모두 실제 있었던 일들인데, 만약 이것이 기록되지 않았다면 지금 우리들이 그 일을 어떻게 알 것인가? 이순신 장군이 쓴 난중일기 역시 얼마나 귀중한 기록이던가? 기록은 정말 중요한 것이다.

아들의 초등학교 4학년 시절 일기내용을 한 편 적어본다.

오늘은 손등을 크게 다쳤다. 왜냐하면 체육시간이 곧 시작 되려고 할 때 민선이가 나를 때리고 도망을 갔기 때문이다. 그래서 내가 잡으러 가는 도중에 민선이가 갑자기 멈추더니 "너가 왜 나를 잡으러 오니?"하고 말하면서 시치미를 뚝 떼었다. 그리고 또 도망을 치기 시작했다. 민선이를 잡으러 가다가 민선이가 갑자기 땅에 앉아 버리자

나는 민선이 위로 갈 수 밖에는 별 도리가 없었다. 그래서 민선이 머리 위로 점프를 한 뒤 땅에 떨어질 때 넘어져서 일어나 보니 입에 모래가 들어가고 손등이 상처가 나고 턱도 다치고 팔꿈치도 다치고 시계까지 유리가 상했다. 나는 기분이 좋지 않았다. 민선이는 "미안해" 하고 말하며 옷에 묻어있는 흙을 털어 줬다. 그리고 수돗가에 가서 나의 입을 깨끗이 씻어 주었다. 지난 번 국어시간에 배운 '병 주고 약 준다.'라는 속담과 똑같은 행동을 민선이는 나에게 한 것이다. 손등이 제일 심하게 다쳤다. 아프긴 하지만 남자가 울지는 말아야겠다.

"선생님은 진수가 다친 줄도 몰랐네. 남자니까 울지 않았다는 진수가 퍽 용감(?)하게 느껴진다."

학교에서 일기를 보신 담임선생님께서 예쁜 초록색 볼펜으로 아들 일기장에 답장을 쓰신 글이 여성스러움과 사랑이 묻어나 아들의 마음에 새겨졌으리라.

기록은 생명이며 추억이다.

"덕분에"

내가 좋아하는 그녀에게서 카톡이 왔다.

우리말에 "덕분에"라는 말이 있습니다.
그 말속엔 사랑과 은혜 그리고 감사가
들어 있습니다.
오늘은 부모님 "덕분에"
친구님 "덕분에"
그리고 저를 아는 모든 분들 "덕분에"
살아가고 있음을 고백하는
멋진 날이 되었으면 좋겠습니다.
오늘도 당신이 있기에 저 또한 있습니다.
"덕분에" 감사합니다.

이렇게 좋은 글을 받은 나는 참 행복한 사람이다. 그녀는 내가 아는 사람 중에서 가장 완벽한 사람이다. 나이는 나보다 스무 살 아래지만 나이에 비해 모든 면으로 속이 꽉 차 있어서 정말 존경할 만하다. 얼굴은 말 할 것도 없이 예쁘고 키도 크고 날씬하다. 모든 장신구마다 그녀가 목에 걸거나 허리에 차면 잘 어울리고 세련돼 보인다.

또한 마음씨는 바다보다 넓고 깊고, 비단결처럼 곱다. 큰 소리를 내거나 화를 낼 때는 자신의 세 아이들을 훈육할 때뿐이다. 어쩌면 저렇게도 마음씨가 고운 사람이 있을까? 의문스러울 때가 한 두 번이 아니다. 어떤 상대방을 만나도 친근하며 포근한 대화를 나눌 수 있는 분위기를 만들며 항상 웃는 낯으로 먼저 고개 숙여 인사한다.

사랑스러운 그녀의 얼굴을 보고 있으면 너무 좋다. 찬양을 부르거나 말하는 모습을 보면 나는 행복해진다. 어쩌면 저런 향기가 날까? 나도 본받으려고 노력한다. 그녀의 지혜스러움에 감탄한다. 불평불만을 말하는 것을 본적이 없다. 그녀를 알고 있다는 것만으로도 감사하다.

교회에서 20년간 다져온 우리의 우정은 어떤 색깔일까? 아마도 곱디고운 파란색일 것이라는 생각이 든다. 부족한 내가 그녀에게서 따뜻한 대우를 받을 때마다 가슴이 뭉클해진다. 교회에서 여러 가지 직분을 다 감당해 내는 그녀의 당당함은 어디에서 나오는 것일까? 아마도 성경말씀 빌립보서 4장 13절에 있는 '내게 능력 주시는 자 안에서 내가 모든 것을 할 수 있느니라.' 이 말씀일 것이다. 라고 추측해 본다. 나에게 그녀는 살아있는 교과서이다. 과목은 바른생활이 맞을 것이다.

누가 나에게 이 세상에서 가장 아름다운 사람이 누구냐고 묻는다면 나는 서슴없이 대답할 것이다. 오늘도 나에게 좋은 하루를 선물한 그 사람, 그 이름은 "김선희입니다."라고.

사랑스러운 그녀에 대한 나의 마음을 토해내고 나니 속이 다 시원함을 느낀다. 덕분에 좋은 글 한 편 썼으니 이 또한 행운이 아니랴.

2부

저 들판의 꽃들은 어디로 가나

핸드드립 외 2편

김 성 윤

물리치료 상담과 치료방식을 알고 나와서 보니, 3층으로 올라가라고 한다. 핸드드립 체험이 있다고 한다. '핸드드립이 뭐지?'하면서 엘리베이터를 타고 올라갔다.

이곳은 지적장애인들에게 바리스타를 가르쳐 실습을 통해서 취업을 시켜주는 교육을 하고 있다. 지적장애인들이 배운 것을 오늘 장애인복지관 10주년을 맞아서 오는 사람 모두에게 지적장애인 직업훈련생들이 직접 핸드드립을 가르쳐 주고 있었다.

머그컵(서버) 위에 드립퍼를 놓고 그 위에 페이퍼필터를 넣고 그 속에 원두가루를 넣고 주전자(핸드드립 포트)로 밖에서부터 원을 그리면서 안으로 들어가면서 물을 따라준다. 그러면 부풀어 올라온다. 30초 있다가 다시 안쪽에서부터 원을 그리면서 밖으로 나오면서 물을 따라준다. 그러면 마찬가지로 부풀려 올라온다. 또 다시 30초 기다렸다가 원액을 자기 입맛에 맞게 물에 타서 얼음을 넣어서 먹으면 된다. 덕분에 시원한 냉커피까지 마시게 되었다. 내린 원액도 가지고 가라고 했는데 담을 병이 없어서 못가지고 온 것이 아쉬웠다.

지적장애를 가졌지만 열심히 배워서 다른 장애인들에게 가르쳐 주는 모습이 아름다웠다. 그 친구들이 더 열심히 배워서 좋은 곳에 취업하는 날이 왔으면 좋겠다. 그 덕분에 내가 몰랐던 것을 또 배우게

<그림 출처 : 네이버 사이트>

되었다. 핸드드립 용구들을 가지고 싶다는 욕심이 생긴다. 이 세상에 못난 사람이나 잘난 사람이나 혼자 살아 갈 수 없는 세상이다. 아무리 못난 사람들에게도 배울 것이 있다. 그런데 왜 자기보다 못하다고 비웃고 멸시하는 사람들이 있는지 모르겠다. 또 나만 해도 그것 때문에 많이 아파하고 속상하다. 이런 굴레에서 벗어나야 하는데 아직까지 그 경지에까지 도달하지 못하고 있으니 큰 문제다. 아무리 좋게 생각하려고 해도 막상 그런 일이 닥치면 또 미워하고 속상하다. 나도 누군가에게 도움이 되는 사람이 되고 싶다.

얼마 전 우연히 TV에서 어떤 고3 남학생이 다른 친구들은 다들 대학 갈 꿈을 꾸고 열심히 공부하는데, 그 친구는 몇 년 전부터 좋은 바리스타 선생님을 만나서 바리스타를 공부를 하고 있었다. 오른 손이 불편해서 왼쪽으로 사용해서 커피 위에다 예쁘게 하트 그림을 그려 보여주었다. 자기는 바리스타가 좋다고 한다. 자기가 좋아서 찾아가는 길이 아름다웠다. 더구나 장애를 극복하는 모습에 박수를 보내고 싶었다. 바리스타 자격증 2급을 취득하고 자격증 1급을 준비하는 중이다. 대학은 바리스타 쪽으로 가고 싶다고 했다. 그 친구를 보면서 나도 바리스타를 배우고 싶다는 생각을 했다. 나도 오른손이 불편하니, 그 친구 같이 왼손으로 하면 되는 것이다. 그 친구를 보면서 희망이 생긴다. 나 또한 그 친구가 노력한 만큼 컴퓨터 자판을 빨리 치기 위해서 10년이라는 세월이 흘러 컴퓨터 자격증을 취득하고 컴퓨터 쪽으로 일하고 있다. 내가 컴퓨터를 배우지 않았다면 지금 이 행복한 시간들은 없을 것이다. 또한 오경자 교수님을 만나서 수필가가 되었다. 좋은 스승님을 만나는 것은 큰 행운이다. 그 교수님 때문에 삶이 좋은 쪽으로 많이 변했다. 일을 할 수 있고 글을 쓸 수 있다는 것이 얼마나 행복한 일인가? 요즘 청년들이 일을 구하지 못하여 놀고 있는데 말이다.

많은 장애인들이 각자 자기에게 맞는 직업을 찾아서 맡은 직업에 충실히 일하는 사회가 되었으면 좋겠다. 점점 갈수록 많은 사람들이 장애인들에게 관심과 사랑을 나눠주고 직업재활과 취업을 할 수 있는 기회가 많아지고 있어서 그나마 다행이다.

그들에게 말하고 싶다. 불가능해 보여도 재미있게 무슨 일이든 열심히 포기하지 않고 하다 보면 세월이 흘러 그 꿈이 이루어진다고 말하고 싶다. 바리스타를 가르쳐주는 친구들 때문에 우울한 기분이 사라지는 하루였다.

빨라서 좋아

어릴 적 아버지가 사주신 네발자전거를 타고 신나게 동네를 돌아다니던 모습이 아직도 생생하다. 자전거를 타고 달리던 스릴이 재미있었다. 옛날에는 동네가 아주 커 보였다. 그때는 사람도 많이 다니지 않았고 또한 자동차들도 많지 않았던 시절이다.

그때 그 시절, 왜 두발자전거 배울 생각을 못했을까? 아님 다리 때문에 중심을 잡기 힘들었는지도 모른다. 가끔 그 어린 시절이 자꾸 떠오른다. 피곤하거나 컨디션이 안 좋을 때는 불편한 다리는 더 발이 비틀리고 넘어지기도 수없이 넘어진다. 쉬고 싶은데 해야 할 일은 왜 이렇게 많은지 모르겠다. 이럴 때 자가용이나 자전거가 있었으면 좋겠다고 생각했다.

아주 오래 전부터 부모님께 자전거 사고 싶다고 말을 해도 아무도 들어주지 않으셨다. 위험하다고 걸어 다니라는 말씀뿐. 가끔 밤에 꿈을 꾸면 어릴 적 타고 다니던 자전거를 신나게 타고 성당에 가서 미사를 드리고 오는 꿈을 자주 꾸었다. 얼마 전에도 몇 번 꾸었다. '나도 자전거가 있어서 정말 좋아!'하고 즐거워하다가 깨어나면 언제나 꿈이었다는 사실에 실망을 했다.

작년부터인가(?) 골반이 좀 아프더니, 다리까지 아파서 저녁에는 한 발짝도 바닥에 디딜 수 없었다. 다리가 불편해도 그나마 걸을 수 있다는 것이 얼마나 행복한 일인지 깨달았다. 병원에 가 주사를 맞고

물리치료를 받으면서 약을 먹어보지만 어쩔 수 없는 것이라고 했다. 계속 아프면 큰 병원에 가야한다고 의사는 불편한 다리 때문에 자세가 바르지 않아서 허리에 신경이 눌려서 오는 현상이라고 했다. 많이 걸어 다니지도 말고, 오랫동안 앉아 있지도 말라는 것이었다. 헬스자전거도 당분간 타지 말라했다. 사실 장애인 복지관 물리치료선생님은 헬스자전거를 타야 그나마 발이 오그라지지 않아서 걸을 수 있다고 했다. 걸어 다니는 것보다 자전거를 타고 다니는 것이 덜 아플 것 같았다. 사실 출 · 퇴근을 해야 하기 때문에 자전거를 구입할 수밖에 없는 현실이다. 삶에 있어서 이것이 안 되면 다른 방법을 찾아서 살아가야 한다. 또한 전동스쿠터나 전동휠체어는 운동이 되지 않아서 사고 싶지 않았다. 인터넷으로 장애인보장구를 찾아보다가 보조바퀴달린 자전거가 눈에 띄었다. 어머니 아버지에게 자전거를 사고 싶다고 말하니, 어머니는 허락하셨는데, 아버지는 아무 대답을 하지 않으셨다. 결국 주민센터에 가서 한가한 시간에 구입을 하고 말았다. 그것도 거금 35만원이라는 돈을 주고 말이다. 이렇게 내 자신을 위해 큰 돈을 써보기는 처음이다.

자전거를 타고 다니니, 그렇게 편할 수가 없다. 다리도 훨씬 좋아졌다. 빨리 다닐 수 있어서 시간도 절약하고 그 시간에 다른 것들을 더 할 수 있어서 좋다. 또한 그것을 타고 다니니, 사람들이 장애인인지도 모르고 말이다. '이런 네발 자전거도 있네.' 쳐다보겠지만 그만큼 상처를 받지 않아서 좋다. '구더기 무서워 장 못 담글까?'라는 말도 있다. 사실 위험하다. 욕심을 부리지 않고 천천히 다니고 먼저 갈 생각을 하지 않고 먼저 양보하면서 다니면 사고가 나지 않을 것이다. 또한 자전거를 탈 때 성호경을 긋고 타거나, 화살기도를 하고 탄다.

자전거를 타다 보면 아무도 없으면 싱싱 달릴 수 있어서 좋다. 하지만 차와 사람을 피해 다니다보면 신경을 쓰고, 언덕을 올라 갈 때나 거리가 평평하지 않을 때에는 다리를 더욱 힘 있게 페달을 밟아야 한다. 이 또한 우리들의 삶을 말해주는 것 같다. 살다가 보면 즐겁고 좋은 일도 있지만, 때로는 견디기 힘들고 아플 때도 있는 것처럼, 인생도 자전거 타는 것과 마찬가지인 것 같다.

그렇게 반대하시던 아버지도 얼마 지나자, 비오면 어떻게 하냐고 좋은 비옷 하나 사야한다고 말씀하신다. 아마 부모님께서 선물로 사주실 것 같다. 어머니는 "우리 딸 능력이 있어."하면서 칭찬까지 해주셨다. 주민센터 동장님과 성당사람들, 또는 아는 사람들이 자전거를 타고 다니는 것을 보면 멋있다고 한마디씩 한다. 또한 큰올케는 결단력이 대단하다고 말하고 어떤 사람은 용기에 감탄했다고 말한다.

하지만 살아가기 위해 어쩔 수 없는 방법이다.

오늘도 자전거를 타고 출·퇴근을 한다. 그렇게 꿈에 그리던 일이 현실로 돌아왔다. 아이 신난다.

먼저 손을 번쩍 드니

누구나 더 좋은 세상을 원한다.

어릴 적부터 처음 만난 아이와 금방 친해진다. 붙이성이 있어 누구에게나 사랑받는 아이, 늘 나를 보면 예쁜 고모다고 꼭 껴안아주면서 뽀뽀까지 해주는 아이, 그래서 덩달아 나까지 행복하게 만드는 아이다. 유난히 그 조카 녀석이 더 예쁘다. 조카하고 고모 사이에 유전자가 25%나 있어서 서로가 좋아할 수밖에 없다고 한다. 설마 그래서 서로가 좋아하는지 모르겠다.

구정에 집에 왔을 때 자기아들 자랑을 올케가 한바탕한다. 공부도 잘할 뿐 아니라, 학교에서 과학경시대회나 그밖에 상들을 다 독차지해 다른 친구들이 무척이나 부러워한다고 한다. 엄마 아빠가 주말 부부이기 때문에, 회사에서 엄마가 늦게 돌아오거나 힘들어하면 사내아이 5학년짜리가 집안 청소도 해 놓고, 자기 여동생 6살짜리 머리도 감기고 씻기기도 한단다. 엄마가 회사에서 올 때까지 동생에게 책도 읽어주고, 공부도 가르쳐 주어, 지금 구구단 3단까지 외운다고 한다. 주말에 농사를 짓는데, 엄마 아빠를 도와서 도리깨질도 잘 한다고 한다. 어디 그뿐인가? 길거리에서 무거운 짐을 들고 가는 할머니가 있으면, 그 짐을 받아서 댁까지 가져다준다고 한다. 어느 날 자기 학급에 장애인 친구가 있어, 선생님은 그 친구와 잘 사람하고 말하니까, 조카가 먼저 손을 번쩍 드니, 다른 아이들도 하나, 둘 따라서 들기 시작하였단다. "그래, 민준아. 고모를 봐서라도, 네가 먼저 도와줘?

우리 민준이 참으로 착하다!" 내가 보기에도 기특한데, 엄마와 아빠는 얼마나 기특하고 대견할까? 막내 동생 부부가 아이들 교육은 잘 시키는 것 같다. 요즘 아이들을 공부만 시키고, 예절교육이나 집안일을 안 시키는 부모들이 꽤 많단다. 그래서 자기밖에 모르는 개인주의가 되어가고 있다. 내 조카 같은 아이들이 많이 있어서, 잘 자라서 사회에 일꾼이 될 때, 그 사회는 밝아지고, 또 엄마 아빠에게 배운 것들을 그 자식들에게 가르치게 될 것이다. 그 조카의 선한행동이 퍼져 다른 곳들로 전달되었으면 좋겠다.

사교성이 높고 착하고 똑똑한 조카 녀석이 잘 자라서 한 인물(?) 할 것 같다. 앞날을 모르는 일이지만, 그렇게 예쁘게 잘 자라다오. 이 고모가 아주 많이 사랑한다.

아버지와 지게 외 1편

이 기 화

자동차는 넓은 길을 갈 수 있지만 좁은 길은 갈 수 없다. 지게는 좁은 골목길도 갈 수 있다. 또 지게에 싣지 못하는 짐이 없다. 작은 감자부터 시금치, 콩, 들깨, 나뭇짐까지 못 싣는 게 없다. 영문 Y자 같이 생긴 소나무 두 개를 등받이 나무로 연결하여 그 위에 짚으로 엮어 등이 배기지 않도록 하고 끈을 어깨에 멜 수 있게 짚을 세 갈래로 굵게 땋아 어깨끈을 만든다. 큰 것은 지게에 다 올리지만 크기가 작은 것은 싸리나무로 엮어 만든 바지게(싸리나 대오리 따위로 만든 발채를 얹어 놓은 지게)를 올려놓으면 날개처럼 보인다.

지게는 호기심을 발동시켰다. 그 지게를 왜 그렇게 지고 싶었는지 모른다, 언제 지어볼까 호시탐탐 엿보다가 드디어 기회가 왔다. 어느 날 아버지께서 일보러 나가셨을 때 도끼와 지게를 지고 뒷동산으로 뛰어 갔다. 지게에 실을 품목은 고지배기(그루터기의 사투리, 풀이나 나무 또는 곡식 따위를 베어내고 난 뒤 남은 밑동)다. 썩은 고지배기를 도끼로 세게 치면 뿌리째 빠져 나온다. 그렇게 여러 개를 해서 바지게에 넣고 이제 집에 갈 차비를 한다. 지게 앞으로 가 서 한 무릎을 구부리고 앉아서 지게 끈을 어깨에 걸고 작대기를 땅에 대고 일어나 보았다. 그런데 무게가 나갔는지 뒤뚱거리며 흔들린다. 자세를 바로 잡아보았다. 일어서서 한 걸음 걸어본다. 묵직하니 제법 무게가 나간다. 지게가 나를 드는 느낌이 들었다. 집에 와서 나뭇간에 고지배기를 쏟아 놓았다. 짐을 내려놓으니 몸이 새털처럼 가벼워지는 느낌이 들었다.

세상에 태어나 처음 져본 지게질은 보는 것처럼 결코 쉬운 일은 아니었다. 너무 무거우면 지게를 지고 일어날 수가 없기 때문에 덜어내고 져야 한다. 많이 싣고자 욕심을 내다보면 조금 걸어가다 엎어져 지게짐을 다시 꾸려야 하고 언덕이나 물가를 지나갈 때 발을 잘못 디디면 굴러 떨어질 위험도 있는 것이다. 지게로 짐을 져 나르며 돈벌이를 하던 시장의 지게꾼도 생각나고 농사일로 소 대신 지게질을 밥 먹듯 하신 아버지의 발바닥이 왜 그렇게 말발굽처럼 딱딱하게 굳었었는지 알 것 같았다. 어린 초등학교 시절 점심시간에 집에서 밥을 먹고 학교로 가던 중에 저쪽에서 똥장군을 진 아버지를 보았다. 순간 창피함이 몰려와 다른 길로 돌아서 가버렸다.

어느 날 저녁을 드시며 하시는 말씀인즉슨 다음에 가서 나무를 할 곳을 보고 왔다고 하셨다. 나무하실 때 아버지는 산을 보호하는 차원에서 나무 제일 아래에 있는 죽은 가지와 풀을 베고 나뭇잎을 긁으셨다. 다음날에 점심을 차려 드리면서 누구네 아버지가 올라가시는데 아버지가 보아놓은 데로 가시는 거 아니냐며 재촉했다. 그날은 아버지가 몸이 안 좋아서 누워서 쉬려고 하던 참이었다. 그렇게 나무를 하러 가시고 밤이 되어도 오시지 않던 아버지를 기다리며 걱정을 했다. 늦게 오셨는데 간신히 나뭇짐을 지고 왔다며 어지럽기도 하고 기운이 없어 죽을 뻔했다고 하셨다.

막내딸의 작은 욕심으로 인하여 고생하셨다.

지게엔 고단한 삶이 있고 한숨이 있었고 희생과 사랑이 있었다.

지게를 보면 아버지가 생각난다. 가족을 위해 소처럼 새벽부터 밤늦게까지 일만하신 아버지 고맙고 감사합니다. 지금 생각하면 왜 그리 철이 없었는지 송구스런 마음이 든다.

오늘 따라 돌아가신 아버지가 몹시도 그립다.

비전 트립

그칠 줄 모르는 비처럼 고장 난 수도꼭지 같이 눈물이 흘렀다. 어깨를 들썩이며 엉엉 소리까지 나왔다. 2017년 7월 23일 교회에서 비전 트립(단기선교) 파송식을 하는 도중 '파송의 노래'

(중간 생략)
주님 나라 위하여 길 떠나는 나의 형제여
주께서 가라시니 너는 가라 주의 이름으로
(중간 생략)

노래를 부르는데 눈물샘이 터진 것이었다. 받은 은혜가 너무 많아 너무 감사하고 감격해서일까.

고향 친구들 모임에 들어가서 20년 동안 3년마다 한 번씩 국내 여행과 해외여행을 참 많이도 다녀왔다.

여행을 갔을 때 즐겁고 기뻤지만 빚진 것처럼 편하지가 않고 마음 한편에서는 뭔가 아쉬운 점이 남았었는데 바로 해외선교였다. 선교는 꼭 가고 싶었다. 바라면 이뤄진다고 했던가, 드디어 갈 수 있는 기회가 열렸다. 딸이 보내 주겠다고 약속을 한 것이다. 3년 전에 엄마가 인도네시아 선교를 보내 줬으니 이제 엄마를 보내 줄 차례라는 것이다. 해마다 다른 사람들이 파송식 하는 것을 보고 부러워만 했었는데 응답을 받은 것이었다.

선교 장소는 필리핀 가모티스 섬 힐스 아카데미로 7월 26 ~30일로 정해졌다. 내가 속한 할렐루야찬양대에서 신청한 사람이 나를 포함해서 5명이더니 요술쟁이처럼 하루 지나면 1명씩 늘어나 11명이 됐다. 1대 1 면담을 하고 권면한 ㅇ명준 집사님의 공이 컸다.

일정은 공연 등을 하기로 정해졌다. 소프라노는 4명인데 알토는 한 명도 없어 알토로 자원했다. 소프라노보다 알토는 음을 잡기가 쉽지 않았다. 곡명은 '떴다떴다 비행기', '무엇 접을까', '주먹손으로', '무엇이무엇이 똑같은가', '송알송알 싸리 밑에 은구슬', '과수원길', '창조주 아버지', '놀라운 예수', '하나님의 약속', '축복합니다' 등이 정해져 오후 예배 끝나고 두 시간씩 주일날마다 합창 연습에 들어갔다. 한 곡 한 곡이 모티브처럼 완성되어가니 피곤했지만 마음은 기뻤다. 정해진 시간에 밤 10시부터 기도도 했다.

단체로는 약품과 볼펜 공 등을 샀으며 교회에서 전도회에서 개인이 선교헌금을 많이 해주시어 개인부담금이 덜 들어갔다. 햇반, 컵라면 비상식량에 김, 소지품들을 가방에 넣으면서 가슴은 뛰고 있었다. 3급마술자격증이 있는 내게 마술공연도 합창 전 오프닝에 선보이기로 예약이 되어 있다. 집에서 한 번씩 연습을 해보았다.

필리핀에서 한국인이 피살되었다. 필리핀 대통령이 계엄령을 선포했다. 우리나라에서 필리핀 방문을 삼가라는 경고가 연일 뉴스에 나와 긴장감이 돌았다. 집에서도 필리핀 위험한데 꼭 가야 되겠느냐고 하고 직장에서는 이사 날짜가 6월 달로 정해졌다가 리모델링 공사가 덜 끝나 자꾸 미뤄지고 있더니 26~27일로 정해졌다. 선교 가는 날은 25~30일인데 미뤄지면 선교 갔다 와서 이사할 수도 있겠거니 했는데 어떻게 사무실 이삿날과 겹쳐버렸는지 당황했지만, 주님께서 가라시면 가야 된다는 생각은 변함이 없었다. 벼랑 끝에 둥지를 튼 새집처럼 주님이 지켜주시니까 괜찮을 거라는 확신이 들면서 평온한 마음이었다.

저녁에 인천공항에서 출발하여 필리핀 세부 막탄 공항에 도착이 다음날 1시 30분이었다. 기다리다 배를 타고 새벽에 도착한 곳이 힐스 아카데미 그곳은 우리나라 사람이 세운 초·중·고등학교다. 짐을 풀고 다음 날은 오프닝에 마술과 합창공연을 했는데 학생들과 학부형들의 호응도가 좋았다. 아이들과 비눗방울 놀이도 하며 놀았다. 내가 기구를 움직이면 수없이 비눗방울이 나왔다. 아이들은 무지개가 들어있는 비눗방울을 잡으러 뛰어다니고 재밌게 놀다 기구를 어느 한 아이에게 주었다. 일정에는 없었지만 그 학교에 재직하던 선생님께서 나가서 초등학교를 차렸는데 거기도 공연을 해줬으면 하고 요청이 왔다. 그래서 다음날도 공연을 가게 되었다. 오프닝 때 어제처럼 마술공연을 하고 합창을 하는데 전기불이 나가 마이크가 안 되었다. 고치는 사람이 왔는데도 조금되다가 안 되어 생음악으로 하게 되었다.

나중에 안 것이지만 전기가 나가는 일이 자주 있으며 기다리던 아이들이 왜 그렇게 평온해보였는지 알게 되었다. 교복 입은 학생들에게 간식도 나누며 뒤쪽을 쳐다보니 경계 끝에 학교에 다니지 않는지 교복이 아닌 낡은 옷을 입은 아이 셋이 있었다. 그들에게 간식을 나누어 주었다. 옷을 멋지게 입고 춤을 추는가 하면 노래도 부르는 공연하는 아이와 그 아이들이 오버랩이 되었다. 주님은 그 아이들에게 더 관심이 있으시며 더 많이 사랑하신다.

다음날은 남자들이 페인트칠을 하러 가신단다. 여자 중에서는 ㅇ숙

자와 내가 자원을 하여 학교 벽을 예쁘게 칠 하였다. 뜨거운 여름 날씨에 땀이 송글송글 맺혔지만 멋있게 변하여 가는 모습에 힘든 줄을 몰랐다. 구경 온 몇 사람은 페인트칠하는 포즈를 취하고 사진을 찍는다. 칠을 다했다며 안에 들어가 모여서 사진 촬영들을 한다. 벽 밑에 보니 칠이 덜된 곳이 있었다. 군데군데 있는 흙덩이를 치우며 칠을 해 보았다. 보기 좋았다,

상차리기, 설거지, 예배드리기, 매일 일과가 끝난 후는 서로 이야기 나누기를 했다. 귀국하기 전날은 바다도 가고 수영장도 가서 휴식을 취했다. 휴가기간을 선교로 대신할 수가 있어 좋았다. 여러 사람이 합력하였고 사람이 한 것 같지만 결국에는 주님이 해주신 것이다. 갚을 길 없는 은혜 주신 주님께 그저 감사할 뿐이다.

모함 외 1편

안 경 환

시국이 어수선하다. 사회 전체의 분위기가 가라앉아 있다. 대통령의 친구였다는 한 여인 때문에 일국의 대통령은 탄핵을 받고 그것도 성에 차지 않아, 한편에서는 촛불 집회로 하야를 부르짖고 또 한쪽에서는 태극기로 물결을 이루며 잘못된 탄핵이라고 탄핵 반대를 부르짖는다. 무엇이 옳은지 그른지 조사를 하고 법의 심판을 받고 잘잘못을 가리고는 있지만 성급한 국민성으로 결론도 없이 혼란만 가중 된다,

어릴 때 한 사건이 떠오른다. 친정아버지께서는 군청 공무원으로 재직하고 계셨다. 어느 날 보건소가 생기면서 군청보다 훨씬 작은 보건소 위생과로 옮기셨다. 그 보건소는 단층 건물에 화단에는 예쁜 꽃들이 많이 피어 있었고 옥시풀 냄새가 들어서는 초입부터 풀풀 나고 있었다. 초등학교를 다니는 길목에 아버지가 근무하는 직장이 있어 필요한 게 있으면 아버지도 만날 겸 자주 들렀다.

어머니와의 대화를 얼핏 들었는데 좌천이라는 소리도 했다. 아마 큰 군청에서 작은 보건소로 옮긴 것이라서 그런 것 같았다. 그렇지만 그때는 아버지를 마음대로 자주 만날 수 있다는 기쁨이 더 컸다. 아버지는 아들 속에 하나뿐인 딸을 우리 집 양념 딸이라고 하며 예뻐하셨다. 생각해보면 어린 마음에도 아버지는 청렴결백했고 누구한테라도 아부나 기회주의자는 절대 아니었다. 그런 아버지를 존경 했고 사랑했다. 아버지 같은 사람이면 시집가겠다는 소리를 하면 엄마가

웃기도 했다. 퇴근하시고 집에 소독냄새를 온몸가득 담아 오시면 아버지 냄새라고 좋아 했었는데 어느 날 그렇게 좋아 했던 아버지가 대구에 있는 경찰서에 잡혀갔다는 청천벽력 같은 소리를 들었다. 엄마와 오빠가 쉬쉬하면서도 하는 이야기는 어린 마음에 충격이었다. 위생과에 있으니 위생단속, 허가, 사망진단서 같은 업무를 위생과 에서 하였는데 누군가의 모함으로 조사를 받게 되었고, 그다음 날 풀려나오신 적이 있었다.

그 조그마한 사건도 온 식구들의 간을 조리고 어린 마음에 상처를 받았는데 요즘의 언론은 사람을 죽였다 살렸다 하는 언론 플레이를 하고 있는 것 같다. 사건을 터트리고는 아니면 말고 하는 식으로 하고 있다. 사람하나 바보 만드는 것은 식은 죽 먹기다. 일파만파 소문에 소문이 꼬리를 물고 여자 대통령을 놓고 마녀 사냥을 해댄다. 보통의 사람들은 참을 수도 없을 만큼 난도질을 해댄다.

아직 결정도 결론도 내리지 않았는데 차기대선을 준비하고 여론조사를 하고 대통령이 된 것마냥 하는 모양새는 같이 살아가는 국민으로 부끄럽기 그지없다. 무엇이 진실인지 어느 쪽에 서서 판단을 해야 하는지 도무지 알 길이 없다. 독일의 나치 때 괴벨스는 선동의 대가였다. 결국은 가족들과 동반자살로 생을 마감 했지만 일부에서는 작금의 현실을 괴벨스 효과라고 이름 짓고 있다. 전교조에서 왜곡된 역사를 배운 젊은 학생들을 선동하고 민심을 교란시키고 사회전체가 불안하고 경제가 흔들리고 소규모 가게에도 지장이 있으니 불안하기 그지없다. 진정 나라를 위하고 국민을 위하는 지도자가 나왔으면 하는 소시민의 작은 바람이다.

세월호 7시간의 대통령 행적을 묻고 성형의혹 등 입에 담기도 창피한 유언비어들이 쏟아져 나왔다. 그게 무엇이 그렇게 중요한지 이해할 수가 없다. 수의를 입은 정비서관이 나와서 업무가 많은 대통령을 쉬게 하려고 스케줄을 잡지 않았다는 말을 했지만 한번 빨간 물이 든 사람들은 생각 자체를 바꾸지 않는다. 참 한심한 작태다. 어느 야당의 모 의원은 '더러운 잠'이라는 제목을 달고 대통령 얼굴을 나체사진에 패러디하여 표현의 자유라 떠들어대고 그 사진을 버젓이 국회에 전시를 했다. 그러하니 SNS에서는 그 의원의 아내와 딸의 얼굴을 나체 사진에 합성해서 올리게 되고 의원의 이웃 주민들은 창피해서 한아파트에서 살수 없다면서 의원에게 한 표를 준 손목을 자르고 싶다는 말들을 하고 있으니 제 올무에 자기가 걸린 꼴이 되어버렸다. 표현의 자유라고 잘난 체 하다가 그보다 더한 고통을 맛보았으리란 생각을 해본다.

허기사 나와 다르게 생각하는 사람은 우리에게 파란 물이 너무 진하게 들었다고 할지도 모른다. 나라가 두 동강이 난거 같아 심히 염려스럽다.

어린 시절 아버지의 사건도 모함으로 일어났지만 다행히 쉽게 흑백이 가려지고 무죄가 성립된 사건이다. 그 당시에도 아버지의 빈자리가 커보였고 밤새 남몰래 눈물을 흘린 기억이 있다. 진실이 왜곡되는 것은 정말 슬프다. 가슴을 치고 울어 봐도 시원치 않을 것 같다. 얼마 전부터는 대통령은 검은돈을 10원도 받지 않았다는 소리가 솔솔 새어 나온다. 언젠가는 진실이 밝혀지겠지. 참고 기다린 보람이 있고 제발 모함이기를 바라면서 명예롭게 임기를 마치는 대통령이 되길 진정 바란다. 그리고 후손에게 물려줄 우리 대한민국을 역사에 부끄럽지 않은 깨끗한 세상이 오길 기대해본다

낯선 제부

친정 큰집 사촌 언니의 전화를 받았다. 두 번째 큰집 사촌여동생의 남편이 세상을 떠났다고 알려왔다. 아버지는 7남2녀 9남매였다. 우리들 사촌지간에는 오빠와 남동생은 많아도 여형제는 정말 귀한 집안이다. 우리가 자랄 때 설날이 되면 딸들만 세뱃돈을 받는 진풍경이 벌어지기도 했다. 끝 자가 환이란 돌림자를 딸들도 쓰고 있다.

둘째 큰집은 큰아버지가 약국을 경영하시고 아들딸 남매만 있어서 육남매인 우리가 볼 때는 모든 게 풍족하고 부러운 대상이었다. 아버지가 가끔 약국 형님 집에 다녀오시면 영양제(원기소, 나중에는 에비오제)를 자주 얻어 오셔서 콩알을 집어먹듯이 많이 먹은 생각이 난다. 큰집 오빠는 의대를 가서 의사가 되고 여동생은 약사가 되었다. 집안도 넓고 자주 만나지 못하니 이웃사촌보다 더 못한 관계가 되어 있었다. 여동생이 결혼할 때는 제부가 한눈에 반해서 보쌈하다시피 했다는 소식을 얼핏 들었고 대구에서 크게 섬유공장을 하다가 부도를 내고 서울에서 산다는 소식을 들은 적이 있다. 집안 모임에도 얼굴한번 비친 적도 없고 연락도 되지 않았다. 장례식장을 가는 내내 슬픔보다는 동생이 어떻게 변해 있을까 하는 생각을 하면서 궁금증이 일었다. 예전 동생의 모습이 떠오른다. 예쁘게 두 갈래로 땋아 내린 긴 머리에 모직 체크 치마에 조끼와 흰 블라우스를 입고 핑크색 스타킹과 반짝이는 검정 에나멜 단화를 신은 여자애가 떠오른다. 학처럼 긴 다리에 얼굴은 까무잡잡했지만 예뻤던 걸로 기억된다. 몇 년 전 인사동에서 여 사촌 4명이서 만나자는 약속을 한 적이 있다. 기대를 하고 갔는데 끝내 그 동생의 모습은 보이지 않았다. 집을 나서면 길눈도 어둡고 집과 직장 밖에 아는 게 없다는 소식만 전해 들었다.

강남 세브란스 병원 장례식장 전광판에는 고인의 얼굴이 뜨고 상주의 이름이 뜬다. 고인에 대해서 아는 것은 김 서방이란 것만 알고 있을 뿐이다 아무리 기억의 샘을 파도 떠오르는 게 없다. 나의 무심이 참 부끄러워졌다. 전광판에 새겨진 글씨는 빠르게 사라졌다가 다시 뜨곤 한다. 호실을 확인하고 심호흡을 한번한 뒤 동생을 만나러 갔다. 저 멀리서 언니(나)를 보고 나오는 동생은 예전의 큰어머니와 어쩜 그렇게 똑같은지 깜짝 놀랐다. 소녀 적에 보았던 롱 다리는 먼 기억일 뿐이고 내 앞에 선 동생은 검정 상복에 감춰진 작은 할머니였다. 올해 환갑인 동생과 몇 십 년만의 해후였다. 남편을 보내고 나서야 만난 자리에 우리부부는 언니와 형부의 위치가 되어 있었고 살아생전 한 번도 만나보지 못했던 제부에게는 영정 사진을 마주하고서야 처형과 형님이 되어 제부의 생전의 이야기를 전해 듣는다. 짧은 시간에 많은 것을 다 들을 수는 없지만 술과 스트레스로 위험 신호가 왔는지 평생 병원 한번 안 가던 사람이 자기발로 들어간 병원에서 두 달 만에 1남 2녀를 남겨두고 홀연히 떠나 버렸다고 한다. 한 달만 더 있으면 변호사가 된 아들의 결혼식이라는데……. 아쉽고 허망하다. 큰딸은 결혼을 해서 아기도 하나 있다. 두문불출하고 살면서 얼마나 외롭고 힘들었을까? 동생의 고립을 보면서 또 한 번 눈시울이 뜨거워진다. 두 딸은 갑자기 나타난 이모를 보고 환해진 얼굴이 여실하다. 막내딸이 말한다. 이모 우리엄마 세상 밖으로 좀 꺼내 주세요. 자주 만나고 소통을 하라고 한다. 조카에게 말했다. '네 엄마는

금 수저를 물고 태어난 공주였다'고 했더니 '얼핏 들은 소리는 있다'고 한다. 여자 팔자는 뒤웅박 팔자라고 했던가. 음지가 양지되고 양지가 음지 된다는 소리가 있다. 누군들 결혼생활이 평탄하기만 하련만 참으로 알 수 없는 게 인생이다. 미망인이 된 초로의 여인의 작은 어깨를 토닥여주며 아들의 결혼식에는 꼭 부르라는 말을 남기고 '인생 참 별거 아니네.'라는 말을 되뇌며 무거운 발걸음을 옮겼다.

회상(回想) 외 2편

한 혜 정

줌바댄스(zumba dance)라는 곳에 호기심으로 문을 열고 들어갔다. 경쾌한 음악소리에 맞추어 손자뻘 돼 보이는 남자 강사가 정열적으로 시범을 보인다.

옛날의 에어로빅 동작과 거의 같고 다른 점은 설명 없이 무조건 따라 하는 것이다. 과거에 오래도록 했던 경험으로 따라 할 수 있었다. 다시 젊어지는 기분이었다. 강사의 머리 스타일이 재미있다. 한쪽 머리를 길러 위로 올려 묶은 것이 귀여웠다. 헐렁한 바지에 민소매 티를 입고 동작을 크게 시원스럽게 하는 것이 마음에 들었다. 뛰고 걷고 돌고 쉴 새 없이 따라 하다 보니 땀으로 운동복을 다 적셨다. 의상도 옛날엔 짝 달라붙는 옷으로 몸매가 다 들어나는 옷이었다. 그런데 지금은 휘트니스센터에 있는 반바지와 반소매티를 입고 운동을 하니 편하고 울룩불룩한 몸이 감춰져서 부담이 없었다.

오랜만에 땀을 흠뻑 내니 시원하고 몸이 가벼워 진 듯 상쾌했다. 수업이 끝난 후 "수고하셨습니다."라고 인사를 했더니 옛날에 좀 하셨죠? 라고 한다. 그래도 알아주니 고마웠다. 강사가 우선 동작이 정확하고 힘이 있어 따라 하기가 좋았고, 내내 미소를 지으며 하는 모습이 좋았다.

옛날 40대에 앞줄에서 의욕적으로 하던 기억이 떠올랐다. 그때는 살을 빼기 위해서 열심히 운동하다 보니 순서도 외우고 동작도 바르게 한 것 같다. 앞줄에서 하는 사람들은 순서와 동작이 정확해야 뒷

사람에게 면목이 선다. 살빼기 위한 목표였으므로 두 타임도 뛰고 방학 때는 세 타임까지 뛰어 나에게 철인이라는 별명까지 붙었었다. 감량되는 체중이 재미가 있었다. 그 당시 전국에어로빅경연대회에 나가서 우리 팀이 대상까지 받은 적도 있다. 이쯤이면 남에게 지도 할 만큼 자신도 생겼다. 여성 전용체조로는 매우 좋다고 생각하여 학교 학생들과 어머니들에게도 보급시켰다. 그때는 체중을 감량하는 것이 목적이었지만 지금은 체력을 길러서 사는 날까지 건강하게 사는 것이 목적이다. 젊었던 그 시절이 정말 그리웠다. 지금 내 자리는 강사가 잘 보이는 뒷자리다. 원래는 거울에 비치는 자기 동작을 보면서 하면 더 효과 적이지만 이 나이에 젊은 사람들과 함께 처지지 않고 뛸 수 있다는 것만도 감사하게 생각한다.

그런데 헬스클럽의 유니폼을 입지 않고 유난히 의상을 예쁘게 입고하는 여인이 있었다. 강사하고도 얘기를 잘하며 아주 당당하다. 날씬하고 체조복을 다양하게 입으니 돋보였다. 유심히 그 여인을 바라보게 되었다. 다리가 한 쪽은 살짝 가늘고 절룩거리며 걷는 장애자라는 것을 알았다. 웬만한 동작은 대강 하나 마무리 운동에서 엎드려서 스트레칭 하는 자세에서는 구부릴 수가 없어서 서서한다. 그래도 끝까지 하는 것을 보고 용감한 여인이라고 생각했다. 강사의 음료수를 매일 준비해 주니 고마운 일이다. 다리를 약간 저는 것은 큰 장애는 아니지만 일단 용기가 좋았다. 본인의 단점을 극복할 수 있는 노력도 좋아 보였다. 그래서 의상에 더 신경을 쓰는지도 모른다. 소아마비인지 사고로 그리 되었는지 모르지만 당당하여 전혀 안쓰럽게 보이지 않았다. 줌바 댄스는 다리 운동이 제일 많은데 내색 않고 잘 따라하는 것이 신기했다.

젊었을 때 대회에 나가서 대상을 받고 좋아하던 때가 엊그제 같은데 어느새 종심의 중반이 되었으니 세월의 무상함을 또 한 번 느끼게 된다. 그래도 지금 젊은 사람들과 함께 뛸 수 있으니 얼마나 다행인가. 기초체력을 튼튼하게 낳아주신 부모님이 고마웠다. 나와 비슷한 연배가 오륙 명이 있다. 알고 보면 그들도 과거에 에어로빅 경험이 있던 사람들이다. 그 중 한 분은 전혀 체험이 없었던 것 같다. 나름대로 열심히 하나 동작이 전혀 아니다. 특히 복근 운동이 안 되어 어느 정도 친해졌을 때 따로 가르쳐준다고 했더니 '이 나이에 뭘…….'하면서 괜찮다고 한다. 내가 공연히 교사 정신이 발동한 것 같아 잠시 후회 했다.

에어로빅을 배워 직원체육대회나 야유회 때에도 시범을 보여 같이 운동하며 즐거워하던 때가 좋은 추억으로 남았다. 한 번은 북부 초, 중등 여교사 회장단이 1박 2일로 연수를 갔을 때 일이다. 저녁식사를 하고 큰 홀에 다과를 차려주어 오락시간을 가졌다. 무대에서 여러 선생님들의 장기가 발표되었다. 독창, 중창, 합창으로 이어졌다. 나중에 그곳에서도 에어로빅 시범을 보이게 되어 모두 따라하여 소화도 되고 즐거운 시간이 되었다. 몇 달 후 어느 전철에서 좌석에 앉았던 젊은 여성이 반갑게 인사를 한다. 자기는 어느 중학교 교사라고 하면서, 그때 천안 한알유스호스텔에서 있었던 여교사 회장단 연수회에서 선생님이 에어로빅 시범을 하셔서 정말 즐거웠다고 한다. 버스 두 대로 갔기 때문에 모르는 분도 많았다. 갑자기 좀 부끄러웠다. 그 분이 나를 알아봤다는 것도 놀라웠다. 참 숨어 살 수는 없는 세상이로구나……. 살 빼려고 배운 에어로빅 체조가 여러 가지로 활용이 되어서 좋았다. 줌바 댄스나 에어로빅체조는 유산소 운동으로는 최고라고 생각 되었다. 한 시간 뛰고 나면 땀으로 노폐물이 배출되어 사람들은 피부도 좋아지고 윤택이 난다고 한다. 또 노인이 되면 행동이 둔해지고 느려져 기동력도 없어지는 것은 사실이다. 운동을 계속 하는 사람들에게는 노화가 좀 천천히 오는 것 같다.

내가 건강해야 가족들이나 옆 사람에게 걱정 끼치지 않고 당당할 것 같은 생각이 든다. 덧없이 흘러간 즐거웠던 세월을 회상해보면 무얼 하나! 모두 꿈같은 시간들이다. 그 세월을 끌어당길 수도 없고 내 스스로가 리듬 있게 살면서 건강을 지키는 것이 중요하다고 본다. 얼마 후에는 이 생활이 또 회상이 되겠지!

보람

20대 초반의 북한군 병사 한 명이 판문점 공동경비(JSA) 전방 북측 초소에서 우리 측 자유의 집 방향으로 귀순했다. 북한군 병사의 귀순은 스릴 넘치는 한 편의 첩보 영화를 방불케 했다. 병사는 군용 지프를 타고 군사분계선(MDL)까지 돌진하다가 배수로에 빠진 차를 버리고 남쪽으로 전력 질주했고, 북한군 추격 조는 MDL 근처까지 따라오며 총격을 가했다. 권총과 AK소총 등으로 무려 40발의 총격을 가해 자칫하면 공동경비구역에서 교전이 벌어질 일촉즉발의 상황이었다.

총격을 받은 귀순병은 1차 수술을 받았지만 위중한 상태인 것으로 전해졌다. 수술을 집도한 아주대병원의 중증외상치료 전문의 이국종 교수는 "내장 7곳 이상이 파열됐다"며 내장에서 발견된 관통상이 치명상으로 보인다고 밝혔다.

이국종 교수는 2011년 소말리아 해적에게 납치된 인질을 구출한 '아덴만의 여명' 작전당시, 총상을 입어 사경을 헤매던 피랍선박 삼호주얼리호의 석해균 선장의 수술을 맡아 완치시킨 국내 응급외상치료 최고 권위자라고 발표되었다.

석 선장의 수술 소식을 TV로 보다가 나는 깜짝 놀라고 말았다. S초등학교에서 2,3학년 때 가르친 제자를 보다니, 그것도 아주 훌륭한 최고의 중증외상치료 박사가 된 이국종 교수를 뉴스를 통해서 본다는 것은 큰 영광이었다. 40여 년 전 흘러간 세월을 더듬어 보았다.

어린 시절 국종이는 고집은 좀 있으나 일기를 정말 잘 써왔고 공부도 잘하여 타의 모범을 보이는 영특한 아이였다. 그렇게 똑똑하더니 역시 잘 컸구나. 그리고 주먹이 단단한 파워도 있었다. 그때의 국종이네 가정형편은 그 시절엔 누구나 그러하듯이 넉넉하거나 안정된 환경은 아니었다. 그가 오늘날 이와 같이 잘 자란 것은 어머니의 모성애 넘치는 가정교육이라고 본다. 그리고 중, 고, 대학교의 훌륭한 스승님의 가르침이 계셨기에 오늘이 있고 또한 본인의 성실한 노력의 결과가 아닐 까. 6년 전 석선장 때에도 이 교수 모친과 통화를 하며 옛날을 회고해 이야기를 나누었었다. 그런데 이번에도 역시 총상으로 엉망진창이 된 귀순용사를 수술하여 살려내다니 "이국종 박사, 정말 훌륭하다! 그리고 장하다!" 내 제자라는 것 또한 기쁨이 아닐 수 없다.

남북의 무장병력이 코앞에서 마주보고 있는 공동경비를 통해 북한군이 귀순한건 흔치 않은 일이다. 북한군의 총격으로 팔꿈치와 어깨 등에 부상을 입은 북한 병사가 헬기로 긴급 후송되어 수술실로 옮겨져 수술했다.

이국종교수는 북한군 병사를 수술하면서 남한에서 40년 동안 본적이 없는 기생충이라며 병사의 몸에서 나온 27cm 회충 등 수십 마리의 기생충을 떼어냈다고 했다. 이것은 참혹한 북한의 실상을 고발하는 한편 큰 충격이었다. 이미 알려진 북한 주민들의 열악한 보건위생과 빈약한 영양 상태가 새삼 부각되었고 북한주민 생활의 현실을 보여주는 증거가 되었다. 쌀이 없어 옥수수만 먹어서 대장에서 옥수수 나오는 길이가 29cm나 된다고 했다. 핵과 미사일 개발에 제한된 자원을 쏟아 부으며 주민의 삶을 소홀이 하는 김정은 정권에 대해 다시금 분노가 치밀어왔다. 공동경비에 근무하는 사병은 다른 사병보다 출신성분도 좋아야하며 대우도 잘 해주는 것으로 안다. 그런데 귀순용사의 뱃속에는 갖가지 회충들만 우글우글하니 그 이하의 주민들은 어떠할 까 상상이 간다. 북한에서 항생제 같은 약을 써 본적이 없어서인지 치료하는데 약이 잘 들어 효과가 좋았다는 이야기도 했다. 옆에서 의료진과 쪽잠을 자며 깨어나기를 기다리고 온갖 정성을 다해 치료한 귀순용사가 드디어 의식이 돌아왔다. 얼마나 다행인가 생각만 해도 한시름 놓았다 생각하며 가슴이 떨리고 기분이 좋았다. 어렸을 때 가르친 영향이 얼마나 미쳤는지 몰라도 모처럼 느껴보는 보람이었다. '이국종 파이팅!'이라고 외치고 싶은 충동도 느꼈다.

TV에서 본 이국종 교수는 키가 크고 많이 말라 보였다. 밤낮으로 쉬지 않고 근무를 하여 건강을 해칠까봐 염려가 된다. 앞으로 본인의 체력관리도 해주어 계속 사회에 크게 기여해주기를 바라는 마음이다. 요즘의 의사들은 외과 등 어려운 수술하는 것을 기피하고 안과나 소아과, 성형외과로 많이 기울어진다고 한다. 국민의 건강을 생각하는 것 보다 너무 안일한 의사가 되고자하는 것 같아 씁쓸한 마음마저 든다. 이런 세태에 힘든 수술의사의 길을 택한 이교수가 더욱 크게 보였으며 더 자랑스럽고 내 가슴도 뿌듯하다.

중증외상치료 전문의 이국종 교수야말로 진정한 애국자가 아닌가! 이와 같은 의사가 앞으로도 많이 배출되어 좀 더 든든한 사회, 살기 좋은 나라가 되었으면 하는 마음 간절하다.

제비 5남매

가을이 다가 오는 듯 아침저녁으로 서늘한 바람이 불어오니 우리 집에서 같이 살다간 제비식구가 떠오른다.

따뜻한 봄날 제비부부가 날아와 마당 위 전깃줄에 앉아서 무엇을 찾는지 짹짹거린다. 다음 날부터 마루에 들어와 천장 밑 벽에다 집을 짓기 시작한다. 그것을 본 건넌방 할머니는 진흙과 볏짚을 썰어서 수돗가에 놓아두었다. 제비부부는 부지런히 할머니가 놓아둔 건축 재료들을 물어다 집을 다 지었다. 얼마나 할머니가 고마웠을까. 제비집은 모양도 그럴 듯 하고 아주 튼튼해 보였다. 제비부부는 단단하게 지은 집에서 얼굴만 내놓고 재재거린다.

아침에 방에서 나오면 제비도 반가운 듯 눈을 맞추며 짹짹 인사하는 것이다. 어찌 생각하면 주인의 허락도 없이 집을 진 것이 괘씸하긴 했지만 우리는 그저 신기하여 바라보는 재미가 있어서 좋았다. 많은 집들 중에서 우리 집을 선택했다는 것도 보통 인연이 아니라고 생각되니 제비를 도와주고 싶었다. 아침에 출근하듯 돌아다니다가 밤에는 틀림없이 집에 들어와 재재거린다. 눈을 감고 자는걸 보면 사람하고 똑 같다. 두 마리 제비부부는 다정하게 언제나 붙어 다닌다. 딸만 둘이었을 때다. 딸들에게도 좋은 구경거리였다.

한 달쯤 되었을까? 제비집에는 식구가 많이 늘었다. 노란 주둥이와 깃털에 싸인 다섯 마리의 귀여운 새끼 제비들이 태어난 것이다. 병아

리처럼 노란 새끼들이 짹짹거리기 시작하면 꽤 시끄러웠다. 딸들과 날마다 제비 보는 일이 즐거웠다. 잘 때는 새끼제비들을 가운데 두고 엄마아빠 제비는 양쪽에서 지키며 잔다. 그들도 잘 때는 조용하다. 아침이면 어른제비 한 마리는 새끼들을 지키고 한 마리는 바쁘게 먹이를 물어다 차례대로 준다 입을 벌리고 서로 달라고 짹짹거리는 새끼제비들이 아주 귀여웠다. 부모제비의 새끼 사랑하는 마음과 희생정신을 보는 것 같다.

새끼제비들도 제법 자라서 나는 훈련을 한다. 가까이 날다가 자기 집에 얼른 들어간다. 어쩌다 새끼 한 마리가 마루에 떨어졌다. 어미제비는 새끼제비를 물고 집에 올리려고 안간힘을 다하나 어려웠다. 그 장면을 보고 있던 남편이 조심해서 떨어진 새끼를 집에 넣어주었다. 문제는 마루에 변을 수시로 싸서 치우기에 바쁘다. 그러나 아기 기저귀 갈아 준다 생각하고 부지런히 치워주었다.

날아다니는 것이 익숙해지니 이제는 새끼제비 5남매를 모두 데리고 낮에는 종일 돌아다니다가 미닫이 마루문 잠그기 전에 들어온다. 참 신기하다. 아마도 낮에는 먹이 구하는 것과 살아가는 능력을 길러주는 모양이다. 그들에게도 생존경쟁이 있을 것이니, 어미의 교육이 필요하겠지.

여름철을 지내면서 새끼들도 몸집이 부쩍 커졌다. 제비집이 비좁을 정도로 꽉 찼다. 밤이 되면 일곱 마리가 같이 들어와 시끄럽게 재재거리다가 조용해서 보면 모두 눈을 감고 잔다. 얼굴만 내놓고 자는 걸 보면 아기 자는 모습처럼 평화롭게 보였다.

무더운 여름도 지나고 어느새 옷깃을 여미는 쌀쌀한 바람이 불어왔다. 춥다고 아이들에게도 따뜻한 옷을 찾아 입힐 때다. 해도 많이 짧아지고 초겨울이 온 듯 추위를 느낀다. 새끼제비 5남매와 부모제비가 날아다니는 것을 보면 몸집이 똑같아서 누가 부모이고 누가 새끼인지 분간이 안 된다. 볼수록 대견하다. 한 식구처럼 살아서 제비에게 말도 걸고 친해졌다. 우리가 먹여준 것은 아니지만 한집에서 6개월 넘게 살다보니 내 자식처럼 정도 많이 들었다. 다만 분비물이 많아져 치우기에 바쁘지만 제비들이 잘 자라주어서 즐거웠다. 이제 겨울이 가까워 오는 것 같다.

햇볕이 좋은 일요일 낮에 제비 식구 일곱 마리가 마당의 전깃줄에 나란히 앉았다. 한참을 앉아서 재재거린다. 웬일인가 하고 우리 식구들도 제비를 보며 이야기 하고 있었다.

건넌방 할머니께서 말씀하기를 아마도 제비들이 남쪽나라로 떠나려고 마지막 인사를 하는 것 같다고 한다. 제비들은 마당을 빙빙 몇 바퀴 돌더니 하늘 높이 일곱 마리 제비 식구가가 한 줄로 날아간다. 우리에게 말은 못해도 잘 살다 간다는 인사겠지. "잘 가라 제비들아, 강남 가서 겨울 지내고 내년 봄에 다시 오너라." 하며 손을 흔들어 주었다. 제비가 날아간 하늘 길을 바라보며 무사히 목적지 까지 잘 찾아가기를 마음속으로 기원했다. 과연 남쪽 나라는 어디쯤일까 얼마나 멀까.

정말 그날 이후 제비들은 밤이 되어도 돌아오지 않았다.

텅 빈 제비집을 보며 마음이 허전하여 건넌방 할머니와 오래도록 제비가족 이야기를 했다. 이제 제비의 분비물을 치우는 일은 안 해도 된다. 그동안 제비 보는 재미가 있어서 참 좋았는데……. 제비식구 일곱 마리가 나란히 앉아 시끄럽게 재재거리던 모양이 자꾸 떠오르며 내년에도 올까하고 이것 또한 회자정리(會者定離)로 섭섭한 마음을 달랬다.

지금 생각해보니 그 제비내외는 앞으로 나에게도 5남매를 둔다는 암시를 주고 간 것이 아닌가. 귀여웠던 노란 새끼제비 5남매가 삼삼하게 머리에서 맴돈다.

봉제사 접빈객(奉祭祀 接賓客) 외 2편

장 영 교

단원 김홍도의 풍속화에는 베 짜는 며느리 뒤에 시어머니 표정이 예사스럽지 않다. 고부간의 관계랄까 심리 묘사가 잘도 표현되어 과연 대가의 관찰력이며 뛰어난 실력에 탄복하지 않을 수 없다. 시대는 변해도 고부간의 관계는 변함이 없다는 것은 어쩌면 인간사회의 영원한 과제인지도 모른다.

우리 어머니께서는 아들 집이라도 일 년에 한번 정도 오실까 말까 하는 정도였다. 그도 그럴 것이 차남이기도 하지만 식구 전부가 직장, 학교로 다 나가니 종일 빈 집에 혼자 계시기가 뭣 하였을 것이다. 그런 어머니께서 어쩌다 한번 오신다고 파발이 오면 온 식구가 최선을 다해 어머님을 맞는 것은 당연했을 것이다. 남편은 먼저 성경책부터 감추고 현관문에 붙은 교회 표를 떼는 등 어머님의 심기를 최대한 건드리지 않게 모든 면에 신경을 쓰면서 어머님을 맞았다. 이제는 다 지난날이고 보니 그리운 추억이 되었다.

나는 저녁 준비에 여염이 없는데 어머님께서는 집안 이곳저곳을 살피시다가 살림살이 조언도 해주시고 어떤 때는 직접 팔을 걷어붙이시고 정리정돈을 해 주실 때도 있었다. 이번에는 건너 방에 가셔서 붓글씨 연습하다 둔 글씨를 보시고 구(歐)체가 아닌 안(顔)체를 선택한 것을 나무라셨다. 구양순(歐陽詢) 체가 글씨의 정도라는 것이다. 안진경(顔眞卿)체로 말 할 것 같으면 정도를 벗어난 글씨의 개혁이라는 것이다. 그러니 글씨의 변혁이란 뜻이다. 글쎄 구양순체나 안

진경체나 지금은 공부하는 중이고 어느 체를 쓰던지 서예의 세계도 무궁무진한 학문이거늘 어머니의 편견을 항거할 수 도 없고 듣고만 있을 뿐이었다.

그럼 추사(秋史)체 역시 서체로 따지자면 가히 파격적인 혁명이라고 할 수도 있거니와 서예가들은 어느 체를 선택하는 것도 중요하지만 연구하는 정신으로 공부하고 수련하는 것이 아닐까 그 후에 자기체가 탄생하기도 하고.

선조들이 개혁보다는 전통을 중히 여긴 정신이 어머니에게 고스란히 느낄 수가 있었다. 여기까지는 그래도 순조로운 어머님의 의견이라고 해도 별 문제는 없었다.

그런데 낙관을 보신 어머니는 너무 놀라시면서 "세상에 이런 불칙하고 몰상식한 변이"라 하시면서 화를 참지 못하시고 나를 몰아 세웠다. 그것은 다름 이니라 작품에 기록된 나의 호가 청형인데 그 형(馨)자가 돌아가신 시아버님의 함자 중에 있는 글자이다. 이 사실은 나도 이미 알고 있었다. 처음 서예에 입문하면서 스승님께서 나의 호를 먼저 고심하시다가 청형(靑馨)으로 하고 낙관까지 만들어 주셨다. 나도 처음에는 놀라 남편한테 보였더니 오히려 남편은 괜찮다고 아버지께서 며느리가 형(馨)자를 쓴 것은 기쁨일지도 모른다는 것이었다.

그러나 나는 안 되는 사실임을 상식적으로도 알고 있었다. 시아버님께서는 우리 결혼 전에 이미 돌아가시고 뵙지는 못했지만 먼 촌수도 중복되는 글자는 파하는데 하물며 아버지를 아무리 지금 안 계셔도 이것은 안 되는 도리라고 하니 남편은 우주과학시대에 도리보다 더한 아버지를 자기는 느꼈다면서 음악가 요한 슈트라우스는 자기

아들을 요한 슈트라우스라고 똑같은 이름을 썼는데 글자 하나같다고 문제될 것은 없다고 했다. 오히려 일찍부터 개명하셨던 우리 아버지는 틀림없이 기뻐 환영하실 것이라고 우긴다.

말도 안 되는 남편의 지론이지만 남편 말이 틀린 것은 아니나 부담을 떨칠 수는 없었다. 스승님께 사실을 고백하니 갸륵한 뜻은 알겠는데 별 걱정 안 해도 된다고 나를 타일렀다. 세상에 죄 짓고 못 산다는 말도 있는데 오늘 아니나 다를까 시어머님의 사찰(?)에 딱 걸리고 말았다. 나는 어머님 앞에서 무조건 잘못했다고 빌면서 시정하겠다고 아뢨지만 남편은 시대를 운운하면서 어머니를 설득하려드니 어머니는 아들에게 더 섭섭함을 금치 못 하셨다.

맛있게 차린 저녁상도 칭찬하나 못 듣고 호를 바꿀 것을 다짐하고 겨우 어머니를 진정 시켜드렸다.

그것뿐 아니라 딸이 학교에서 각 가정의 가훈 전시회를 한다고 벽에 걸린 가훈액자 "착하고 아름다워라"를 떼 가는데 할머니가 보시고 이게 무슨 가훈이냐 면서 나무라시니 손녀가 그럼 할머니 가훈은 무엇이 좋아요.

봉제사 접빈객(奉祭祀 接賓客)!

손녀도 마음에 안 들어 했고 아들은 더구나 싫어했다. 물론 나도 싫었다.

지금은 어머니마저 돌아가시고 안계시니 우리는 고삐 풀린 망아지처럼 살고 있다.

행복으로 미소 짓게 하소서

TV 스포츠 프로를 즐겨 보는 남편은 그 중에도 테니스 경기에 늘 심취해 있다. 이제는 더 이상 테니스를 하지 않는다. 아니 못 한다. 테니스는 비교적 격렬한 운동이 돼서 지금은 다른 종목으로 바꾸었을 뿐이다. 그러나 젊은 날의 추억은 누구에게나 쉽게 잊을 수 있는 영역은 아닌 것 같다.

딸 많은 집 여러 동서들 중에도 남편과 아랫동서인 李 서방은 운동을 좋아하고 연령도 비슷해서 자주 어울려 테니스를 즐겼다. 李 서방은 운동뿐만 아니라 다방면에 뛰어난 재능으로 걸출한 인물이었다. 그래서 별명이 컴퓨터라고 할 정도로 통했다.

운동을 좋아도 하지만 능력이 탁월해서 어느 코트에서나 기선을 잡는 인물이었다. 그렇다 보니 동서 간에 운동은 취미 이상으로 잘 맞아 시간만 나면 유명 코트를 누비고 다녔다. 특히 두 사람의 실력이 가장 돋보일 때는 복식 경기에서 한 조가 되어 전위 후위를 맡아 호흡을 맞추었다 하면 그때는 거의 당할 팀이 없었다고 하면 과찬일까, 아마도 그 연령대에서는 대적할 상대가 없었다고 자타가 공인 할 정도로 알아주었다.

운동을 마치고 돌아와서 그날 경기를 자평하는 두 사람의 이야기만 들어봐도 틀린 말은 아닌 것 같다. 더 재미있는 것은 이들 수상 경력만 봐도 알 수 있다. 한 사람은 문교부 장관상 또 한 사람은 노동부 장관상이다. 화려한(?) 수상 경력은 국가 양 부서를 장악(?)했으니 그 실력들은 국가가 인정할 정도로 공인됐으니 알아줄 만도 하다.

나와 내 동생은 그토록 코트에서 펄펄 날다시피 뛰는 남편들의 실전 상황을 직접 구경을 하러 가거나 관심을 갖고 참여한 적은 한 번도 없었다. 우리도 젊은 날에는 다 하는 일도 있고 바빴던 것은 사실이기도 했지만 우리 집 내력이 그렇게 자상하거나 겉으로 표현이 부족했던 것은 인정하고도 남는다. 또 남자들도 자신들의 바쁜 일정에 별로 원하지도 않았지만 그래도 지금 와서 생각하니 그 최고의 순간들을 한 번도 못 봐준 것은 후회도 된다. 왜 그 멋지고 자랑스럽던 장면들을 코트에 가서 구경도 해 주고 박수도 쳐주고 격려도 하고 칭찬 한 번 못해 줬을까. 청춘은 흘러가면 다시는 돌아올 수 없다는 사실을 그때 왜 한번쯤 생각하지 못 했을까.

그러나 아주 극성팬들은 많았다. 그 중에도 친구 구박사의 평에 의할 것 같으면 얼마나 정확하고 날렵하게 공을 잘 치는지 꼭 제비같다고 했다. 물론 우리 李 서방에 대한 찬사였다. 잘못 치는 초보자에게는 공을 상대의 바로 앞으로 정확하게 보내서 아무리 초보자라도 잘 받아 칠 수 있게 해주니 기가 막힐 지경이라나. 그러니 초보자도 李 서방하고 치면 다들 잘 칠 수밖에 없으니 뿅 가지 않을 사람이 없었다고 한다. 그렇지만 실력이 어느 정도 되고 공깨나 친다는 상대에게는 사정없이 그것도 비수처럼 내리 꽂을 때는 받아 넘길 상대가 없었다고 하니 역시 운동은 단련만이 성장 발전할 수 있는 것은 만고의 법칙이 아닌가. 그 어느 누구도 그와 한번 대전은 영광이었을 것이라고 했다. 구박사도 그 중 한 사람인 것 같다. 우리 남편은 李 서방만큼의 실력은 못 되도 李 서방과 대결 할 수 있는 유일한 상대라고 하니 다행이다. 양 부서 장관 수상자를 어쩌면 국가 부서간의 중요한(?) 평가가 될 수도 있으니 함부로 누구누구 실력을 말해서는 안 될 것도 같으나 내 느낌이고 나의 틀림없는 평가가 맞을 것이다.

이들 동서가 한조를 이루면 환상의 무적 커플이 될 수밖에 없었던 것은 무시할 수 없었던 저력을 알 수 있었다.

심지어 어느 은행장은 실력도 있었는데 한 번도 이 환상의 커플을 정복하지 못한 설욕(?)을 씻고자 자기 산하 은행에 국가대표였던 젊은이와 한 조를 만들어 대결을 요청해 올 정도였다고. 역시 젊은 날의 객기는 열정의 계절이 아닐 수가 없었다. 승부가 얼마나 중요했으면 그토록 혈기 왕성 했을까. 그때 그 치열했던 대결 들은 그 후 오래도록 잊을 수 없는 젊음의 절정을 유지 하면서 실력을 쌓았을 것이다.

이제는 그 화려했던 수많은 격랑의 시합이며 경기 때마다 피를 끓게 했던 감동과 승리의 순간이며, 가장 중요했던 건강도, 젊음도, 그때가 정점이었지 않았을까. 그때 세월이 이렇게 빨리 지나간다는 것을 알고나 있었을까.

다시 그 코트를 제비처럼 날고 준마처럼 뛰던 그날이 올 수 있기를 바라는 것은 아니더라도 인생에서 그토록 정열을 쏟아 부을 수 있었던 시절이 있었기 때문에 행복하게 추억 할 수 있는 시간이 되었고 이제 下向의 곡선 제일 아래서도 감사하고 있지 않을까. 흘러가는 인생길에 격정의 수많은 꽃송이를 피웠던 그 순간순간들이 다 감동을 자아내고 감사하면서 반추할 수 있다는 것은 아 얼마나 행운이며 이 또한 행복이 아닐 수가 없다.

지금은 비록 내일의 기약이 없는 병상일지라도, 망망대해에서 집체

만한 상어와 싸우면서도 꿈을 놓지 않았던 카리브해의 노인처럼 젊은 날 피워 둔 당신들의 꽃들이여 그대로 피어 있으렴. 더 아름답게.

화려하게 피운 그 꽃들은 비록 추억이 되었지만 그들은 하나 같이 당신들을 지금까지도 행복으로 미소 짓게 하니.

저 들판의 꽃들은 어디로 가나

윤달은 모든 것을 허용한다고 하니 우리도 편리한 날을 잡았다. 새벽 5시부터 작업을 시작한 것은 한낮의 더위를 피하기 위해서인데 새벽 공기는 신선하면서 매우 상쾌하고 건강했다.

포클레인이 먼저 시작하면서 잠깐해도 몇 사람 몫을 거뜬히 해치우는 솜씨가 대단한데 청년기사의 기계 다루는 요령이 매우 능숙해서 탄복이 절로 나왔다. 뒤편의 흙으로 앞을 넓히고 둔덕을 쌓는데 우직하게 생긴 포클레인 손은 사람 손놀림 이상으로 날렵하게 흙을 파고 담고 옮겨 붓고 다독이고 눌러서 매끈하게 뒷손질까지 깔끔하게 마무리 하는 것은 기계와 기사와의 절묘한 궁합이라고 볼 수 있었다.

우리 속담에 시작이 반이라는데 그토록 엄두를 못 내고 고민하고 애를 태웠던 부모님 산소를 다시 정비해서 새롭게 꾸미는데 정작 시작하고 보니 생각 외로 잘 진행되어 참 다행이다.

기계가 하는 일과 사람이 하는 일이 구분되고 부모님 산소가 드디어 해체되니 40년 된 아버지 산소가 열리고 다음 어머니 산소가 열렸다. 허망하기로 말하자면 이를 데가 없지마는 세상 어떤 생명체도 예외는 없었다. 결국은 모두가 이렇게 되는구나. 흙으로 만들어졌으니 흙으로 돌아갈 수밖에 없는 운명.

한때 미국서 애창되었다는 노랫말이 생각났다.

저 들판의 꽃들은 어디로 가나
꽃들은 아름다운 여인에 의해 꺾기우리
저 아름다운 여인은 어디로 가나
씩씩한 남자들의 품에 안기우리
저 씩씩한 남자들은 어디로 가나
전쟁터에서 한 줌 흙으로 변 하리
저 한 줌의 흙은 어디로 가나
들판에 꽃으로 다시 태어나리

이제 새 집으로 이사하는 우리 부모님도 한 줌 흙이 되어 이 대지에서 꽃으로 다시 피어 날 것인가

명절 때면 성묘 길이 막힌다고 매스컴마다 야단을 떨지만 나는 부모님께 성묘 갈 생각은 한 번도 못했다.

딸이면 무슨 특권이나 된 듯 딸이니까 면죄부라도 받은 것처럼 의례 아들이 있으니 나는 출가외인이 아니냐.

말로만 아버지가 보고 싶고 엄마가 생각났지, 글로만 그립다고 눈물지었지, 생각하면 너무도 뻔뻔한 것이 도리도 아니고 부모님으로부터 받은 그 많은 사랑 그 많은 은혜를 이래도 된단 말인가 한심하기가 이를 데 없었다.

지난 봄 시부모님을 성묘하고 돌아 온 이후로 죽기 전에 처가도 다녀와야 마무리(?)를 할 수 있다고 해서 찾아뵈었을 때 퇴락된 산소가 너무도 초라하고 쓸쓸했던 우리 아버지 어머니 모습에 가슴이

아팠다. 돌아 온 후로 늘 괴롭고 죄스러움에 견딜 수가 없었다.

죽기 전에 부모님 처소를 다듬어드리지 않으면 이제 곧 뵈올 텐데 무슨 면목으로 다시 엄마 아빠를 뵙는단 말인가.

산소는 함부로 손을 댈 수는 없지만 윤달이라는 허락되고 의미 있는 달이라고 하니 우리도 이 절호의 기회인 윤달을 놓칠 수는 없었다. 우리 형제가 힘을 합치기로 뜻을 모았다. 부모님은 물론이고 수몰로 이장이 필요한 조모님까지도 이번 기회에 함께 모시기로 하였다.

오늘 새 단장으로 꾸민 집에 할머님과 부모님을 차례로 모시고 나니 얼마나 기쁘고 감사한지 그토록 죄스럽고 괴로웠던 마음이 조금은 풀리기도 하고 스스로도 홀가분해졌다.

새 집은 봉분을 쓰지 않고 평장으로 해서 비석으로 표식을 하고 보니 한결 품위도 있고 아름다웠다. 아버지 어머니 최신식 집으로 모셨으니 할머님 모시고 많이많이 행복하시고 편안히 쉬세요.

잔디를 심고 둘레에는 회양목과 요즘 아름답게 피는 진달래과 꽃나무를 심었는데 이 가뭄에 뿌리라도 내리게 구지포를 덮고 물을 주고 공사를 마무리 하니 마음은 한결 가벼워지고 무한한 행복감에 돌아오는 길은 훨훨 나는 기분이었다. 더구나 할머니도 함께 모셨으니 아버지 어머니께서는 잘 했다, 고맙다 칭찬해 주시는 음성이 들리는 것만 같았다.

대지는 몇 달째 가뭄으로 타고 있다고 뉴스마다 걱정인데 저녁에 국지성 비가 부모님 이장한 새 집에 많이 내린다고 전화가 왔다. 너무도 고맙고 감사하여 어머니 아버지를 조용히 불러보니 하나님의 은혜가 넘쳐 감사의 눈물이 절로 흘렀다. 살아생전 늘 하신 말씀 중에 어진 끝은 있다고 하신 그 말씀이 바로 당신들에게 해당이 되어 비가 내리는 것 같았다.

이사한 새 집에 비가 촉촉이 내렸으니 이제는 부모님 계신 아름다운 정원에서 행복하게 만나 뵈올 날 만 남았구나.

3부

커피가 고프다

아들의 눈물 외 2편

이 영 승

아버지는 참으로 건강한 체질이셨다. 일본강점기 치하의 젊은 시절에는 만주와 북해도를 넘나들며 탄광과 부두의 막노동 등 해보지 않은 일이 없었다고 늘 말씀하셨다. 씨름판에서 명성을 날렸다는 자랑도 여러 번 하셨다. 40세에 내가 태어났으니 살아계시면 금년에 108세가 되신다. 당시로는 장수라 할 수 있는 89세까지 잔병 없이 사셨다.

아버지가 돌아가시기 1년쯤 전이니까 지금부터는 20년 전이다. 그렇게 강건하시던 아버지가 언제부턴가 기력을 잃어가고 있음이 감지되기 시작했다. 자식으로서 생전에 무엇인가 작은 도리라도 하면서 살아야겠다는 생각이 들었다. 용돈을 올려드려 보았자 쓰지 않고 모으기만 하시니 의미가 없었다. 생각 끝에 목욕을 함께하며 등을 밀어드리기로 마음먹었다. 아버지는 천호동 큰형님이 모시고 우리는 상계동에 살고 있었다. 가끔씩 큰댁 근처에서 형님 내외분과 함께 저녁식사를 모시고 있었다. 그날 조금만 더 일찍 출발하면 될 일이라 그다지 어려울 것도 없었다.

가족의 목욕행사를 몇 차례 하던 중 한번은 고 3년생인 아들과 함께 가게 되었다. 내가 아버지 등을 밀어드리려고 하자 옆에 있던 아들이 얼른 다가와 자기가 밀겠다고 했다. 옆에서 가만히 지켜보니 손자가 밀어주는 것이 그렇게도 좋은지 아버지는 어찌할 바를 모를 정도로 흐뭇해하신다. 나이가 들고 보니 지금은 나도 그 심정을 이해할 수 있을 것 같다. 아들도 즐거운 듯 성의를 할아버지의 등을 다해 밀고 있었다. 아버지를 기쁘게 해드리는 아들이 무척이나 대견스러웠다. 목욕을 마치고 카운터 앞을 지나는데 목욕탕 주인이 "3대가 같이 목욕을 하는 모습이 참 보기 좋습니다."라고 말했다. 그 말이 떨어지기가 바쁘게 아버지는 "우리 손자가 내 등을 밀어줬다오."라며 자랑을 하셨다.

목욕탕 밖으로 나오자 아들이 살짝 다가와 "할아버지가 너무 쇠약해지신 것 같아 눈물이 날 뻔 했어요."라고 하였다. 그리고 다음에도 기회가 되면 아버지와 같이 와서 등을 밀어드리고 싶다는 말도 했다. 그때 내가 얼마나 감동을 받았던지 지금에 와서 생각해도 가슴을 찡하다. 이것이 바로 천륜이구나 하는 생각도 들었다.

그 후 아들과는 목욕을 한 번밖에 더 가지 못했다. 그날은 목욕을 마치고 휴게실에서 음료수를 마시며 잠시 이런 저런 얘기를 나누었다. 아버지가 다니시는 경로당에 대한 얘기를 하셨다. 어떤 사람은 얻어먹기만 하고 한 번도 사지를 않으며, 어떤 이는 나오기만 하면 자식 자랑만 늘어놓는다고 하셨다. 고령의 한 어른은 아들이 경로당 어른들께 대접하라고 돈을 주고 갔다며 가끔 설렁탕을 샀는데 알고 보니 아들이 몹시 불효자였다고 하셨다. 설렁탕도 자기 용돈을 아껴서 샀단다. 자식 자랑하는 사람이 얼마나 부러웠으면 그렇게까지 했을까……. 아버지는 얘기 말미에 "자식이 직접 방문하여 식사를 대접하는 경우도 간혹 있는데 정말 보기가 좋더라."고 하셨다.

그날 목욕탕을 나오자 아들이 슬며시 다가와 "아버지도 경로당에 한번 다녀오셔야 되지 않을까요?"라고 하였다. 나도 그렇게 생각하고 있었는데 아들도 지나쳐 듣지를 않았던 것이다. 철부지 어린애인 줄

만 알았는데 눈치가 빠른 것이 참으로 기특하였다. 가만히 생각해보니 아버지도 자식 자랑을 하지 않을 분이 절대 아니다. 틀림없이 손자가 등을 밀어줬다는 얘기도 몇 차례는 하셨을 성싶다.

그 후 어느 날 아버지를 찾아 갔을 때 "오늘은 제가 경로당 어르신들께 식사를 한번 대접하겠습니다."라고 말씀드렸다. 그런데 아버지는 의외로 바쁜 네가 굳이 그럴 필요까지는 없다면서 돈을 주고 가면 알아서 대접하겠다고 하셨다. 아들이 돈을 줬다며 설렁탕을 사던 그 사람도 요즘은 남들이 다 알게 되어 일체 사지를 않는다는 말씀도 하셨다. 그때는 분명 내가 한번 찾아와주기를 바라고 말씀하셨을 터인데 그 후 분위기는 달라진 것 같았다. 어쩔 수 없이 돈만 드리고 왔다. 그런데 돌아오면서 가만히 생각해보니 아버지가 그사이 아들이 돈을 줬다며 '이미 대접을 하신 것은 아닐까?'하는 생각이 들었다. 지난번 말씀하셨을 때 바로 "저도 조만간 한번 방문하겠습니다."라고 말하지 못한 것이 뉘우쳐졌다.

몇 달 후 아버지가 임종을 하셨다. 학교에서 돌아 온 아들이 닭똥 같은 눈물을 흘리면서 울음을 멈추지 못한다. 아마도 할아버지 등을 밀던 그날을 생각하는 것 같았다. 속으로만 슬픔을 삭이던 못난 이 불효자식도 슬피 우는 내 아들을 보면서 눈물을 쏟기 시작했다. 경로당에 한번 찾아가지 않은 것도 후회가 되었다.

천만다행

자부심과 보람의 세월이었다. 가정보다 더 우선하며 살았다. 74년 어려운 경쟁을 뚫고 입사하여 41년을 세월 가는 줄 모르고 살았다. 육이오사변 중 출생으로 호적이 늦어 남들보다 오래 근무하게 되었다. 그 울타리를 벗어난 지 수년이 지났으나 아직도 지난 날 추억에서 벗어나지 못하고 있다. 한전은 나의 평생직장이었다.

전기가 우리 생활에 얼마나 중요한지는 새삼 말할 필요가 없을 것 같다. 인류 역사가 수 만년이 되지만 첨단 과학문명이 급속도로 발전하기 시작한 것은 이제 겨우 한 세기에 지나지 않는다. 인간이 전기를 발명하여 사용한 기간과 일치한다. 컴퓨터나 기타 첨단 기기가 모두 전기로 작동되기 때문이다. 지난 백년간 인간세상은 천지개벽이 되었다 해도 과언이 아니다. 백년 후 세상이 어떻게 변할지는 상상조차 하기 어렵다.

우리나라에 최초로 전기가 들어온 것은 1887년 3월 6일이다. 1882년 민영익 등이 한미 통상협정 차 미국을 방문했을 때 처음 전등불을 보게 되었다. 귀국 후 고종께 건의하여 에디슨 전기회사와 계약을 체결, 경복궁 내에 있는 건청궁에 처음으로 전등불을 밝혔다. 에디슨이 백열전등을 발명한지 8년만이니 참으로 획기적이라 하지 않을 수 없다. 민간에 전등불을 밝힌 것은 그보다 13년 후이다. 지금부터 117년 전이니 아주 먼 옛날 얘기가 아니다.

최초 발전소는 경복궁 향원정의 물을 냉각수로 썼는데 연못의 물을 먹고 켜진 불이라고 해서 '물불'이라고 불렀으며, 불가사의한 불이라고 해서 '묘화(妙火)'라고도 하였고, 불이 반복하여 들어왔다 나갔다 한다고 해서 '건달불'이라고도 했단다. 참으로 호랑이 담배 피울 적 얘기인 듯하다.

최초의 전력회사는 1898년 고종이 내탕금(內帑金)으로 설립한 한성전기이다. 그 후 1961년 7월 1일 경성전기, 남선전기, 조선전업 3사를 통합하여 지금의 한국전력이 탄생하였다. 창설당시 본사는 명동에 있었으나 1986년 삼성동으로 이전하여 53년 동안 괄목할 만한 발전을 이루었다. 2014년 나주 혁신도시로 이전하여 지금에 이르고 있다.

신입사원 시절은 새마을사업의 일환으로 '농어촌전화사업'이 한창이던 때이다. 내가 설계하고 감독하여 시설한 공사만도 100건이 넘는데 지금도 그 지역을 지날 때면 가슴이 뿌듯하다. 당시에는 계산기와 컴퓨터가 없던 시절이다. 그 많은 설계서를 주판으로 계산하고 수기로 작성하다 보니 밤을 낮으로 삼을 수밖에 없었다. 줄자를 들고 온 산천을 헤매며 전기불이 들어오지 않은 오지 마을만 찾아다녔다. 그러나 우리는 언제나 주민들의 가장 반가운 손님이었다.

요즘 사회적 이슈가 되고 있는 원자력발전소는 1978년 고리원전 1호기가 준공됨으로써 세계 21번째 원전 보유국이 되었다. 지금은 24기가 가동 중이며 총 발전량의 30%를 감당하고 있다. 현재 건설 중인 원전은 6기이며 아랍에미리트에도 100만kw 4기를 수주하여 건설 중에 있다. 명실공이 원전 선진국의 반열에 오른 것이다. 기름 한 방울 나지 않는 우리나라가 세계적으로 값싸고 품질 좋은 전기를 마음껏 사용할 수 있는 것도 원전 덕택이라 하지 않을 수 없다.

그런데 수조원이 투입되어 공정률 30%나 진척 중인 원전발전소를 탈핵 운운하며 몇 달째 중지해놓고 찬반 여론을 조사하고 있다. 평생을 전력산업에 몸담았던 한 사람으로서 작금의 상황을 보자니 할 말을 잃을 지경이다. 이러한 정부 주요정책을 비전문가인 일반국민들의 여론으로 결정한다는 것이 말이나 되는가? 독일의 탈 원전 정책을 사례로 들고 있으나 독일의 경우는 우리나라와 상황이 근본적으로 다르다. 세계에서 미국 다음으로 원전을 많이 보유한 이웃 프랑스가 있어 전력 수입이 얼마든지 가능하기 때문이다. 나는 지금 한전의 울타리를 벗어난 야인의 몸이다. 그런데도 한전 관련일이라면 이처럼 관심이 많으니 이일을 어찌하면 좋으랴!

내가 입사할 당시의 첫 발령은 예외 없이 지방사업소로 배치되었다. 그런데 어느 지방으로 갔든 대부분의 직원들은 그곳이 처갓집이 되었다고 한다. 워낙 일등 신랑감의 직장으로 인정받다 보니 그곳의 유지(有志)들이 탐을 내어 사위로 삼은 것이다. 한전 직원이라는 신분만 확인되면 어느 술집이고 외상술을 먹을 수 있던 그 시절이 너무도 그립다.

그런데 결혼 직후 한번 사표를 낼 뻔도 했다. 양품점 매장을 함께 내자는 친구의 권유에 솔깃한 것이다. 아내가 한사코 반대해도 내가 뜻을 굽히지 않자 하루는 사생결단으로 최후통첩을 했다. '나를 보고 결혼한 것이 아니라 한전을 보고 했으니 사표를 내려면 헤어지자'는 것이었다. 듣기에 따라서는 상당히 기분이 나쁠 수도 있는 말이다. 그런데도 왠지 듣기가 싫지 않았다. 내 직장에 대해서 그만큼 인정해 주었기 때문이다.

그 후 나는 최고 직급까지 오르며 정년퇴직을 했다. 긴 세월 자긍심 속에 감사하며 살았다. 한전은 분명 신(神)의 직장이 맞다. 그때 내가 사표내지 않은 것은 지금 생각해도 천만다행(千萬多幸)이다!

완행열차

새로 이사 온 우리 아파트 앞으로 경춘선 열차가 지나다닌다. 거리가 삼백여 미터나 떨어져 소음의 불편은 거의 느끼지 않는다. 그 열차를 지대가 높은 아파트 12층 베란다에서 어쩌다 보게 되노라면 낭만을 느끼기도 한다. 나이 탓인가? 불현듯 열차를 타고 어디론가 훌쩍 떠나고 싶다. 최대로 느린 완행열차였으면 더욱 좋겠다. 열차처럼 앞만 보고 정신없이 달려온 지난 세월이 너무 아쉽다. '느림의 미학'이라는 의미를 알 듯도 하다. 창밖을 바라보는 아내의 모습에서 무료함이 느껴진다.

잠시 고개를 돌리는 아내에게 "춘천행 청춘열차를 타고 싶지 않느냐?"고 물었다. 소양강댐 주변을 둘러보고 춘천 닭갈비와 막국수를 먹으러가자고 했다. 의외의 제안에 반갑고 놀라운 듯 쳐다보며 "내일은 해가 서쪽에서 뜨겠네?"라 한다. 실은 내가 완행열차를 타보고 싶어 같이 가자고 한 것인데 자기를 위한 선심이라 생각하는 것 같다. 대단한 일도 아닌데 저렇게 좋아하다니……. 하기야 39년을 함께 살면서 오붓한 나들이 한번 같이 간 기억이 없으니 오죽 반가우랴! 아내를 위한 이벤트인양 시치미를 떼며 다른 말은 일체 하지 않았다.

20여년 전만해도 새마을호는 정말 빠른 기차였다. 요금도 워낙 비싸 아무나 탈 수가 없었다. 나도 안동에서 서울을 수없이 오르내렸지만 새마을호는 그저 바라만 볼 뿐, 엄두도 내지 못하고 특급열차로 만족했다. 특급열차는 다섯 시간 정도 걸렸는데 그것도 연착이 되지 않을 경우이다. 그러던 것이 2004년부터 경부선에 KTX가 운행되기 시작했다. 서울에서 안동보다 두 배나 먼 거리인 부산을 2시간 남짓에 갈 수 있게 된 것이다. 그야말로 상전벽해(桑田碧海)라 하지 않을 수 없다.

춘천행 열차는 청량리역에서만 출발하는 줄 알았는데 상봉역에서도 승차가 되었다. 완행과 급행 두 종류가 있는데 춘천까지 한 시간 십분 걸리는 완행표를 샀다. 열차는 총 여섯 량인데 그 중 두 량은 2층 열차였다. 운치도 있고 경관을 보기도 좋을 것 같아 2층에 탔다. 춘천까지 요금은 8,200원으로 생각보다 저렴하였다. 좌석에 앉으니 왠지 가슴이 설렌다. 열차가 출발하자 아내도 너무 좋아 어쩔 줄을 몰라 한다.

창밖을 보니 저 멀리 초등학교 진입로의 코스모스가 바람에 한들거린다. 마치 우리를 맞이하며 춤을 추는 듯하다. 아득한 어린 시절 청량한 가을 햇살에 만국기가 펄럭이던 운동회가 연상된다. 잠깐 고개를 돌리니 맞은편에 앉은 두 젊은 연인이 컵라면 하나에 이마를 맞대고 같이 먹고 있다. 얼마나 맛이 있어 하는지 나도 모르게 침을 삼켰다. 그 옛날 중앙선 밤차를 타고 시골로 내려갈 때 어느 간이역에서 가락국수를 사먹던 기억이 문뜩 난다. 몇 젓가락도 되지 않던 그 국수는 정말로 꿀맛이었다. 상념에 젖어들고 있는데 벌써 춘천이라는 안내 방송이 나온다.

춘천은 호반의 도시다. 의암댐과 춘천댐 그리고 소양강댐으로 둘러싸여 천혜의 경관을 이룬다. 그 중 73년도에 준공된 소양강댐은 123m의 높이에 저수량이 무려 29억 톤이나 되는 대규모 댐이다. 북한강 수계의 춘천, 의암, 청평, 팔당 4개 댐을 합한 것보다도 3배가 넘는다. 20만kw 발전기로 연간 3억 5천만kwh의 전력생산을 할뿐만 아니라 수도권의 용수 공급과 홍수 조절에도 크게 기여하는 다목적 댐이다. 오늘 날 서울이 한강의 홍수로부터 안전한 것도 소양강 댐 덕분이란다. 어디선가 들려오는 '소양강 처녀'의 노래 소리가 한결 새롭게 들린다.

춘천에 사는 문인들을 만나면 늘 호반의 도시를 자랑했는데 충분히 그럴만하다는 생각이 든다. 사람들이 길게 줄을 선 곳이 있어 무슨 일인가 알아보니 춘천에서 이름난 닭갈비와 막국수집이란다. 아름다운 경관에 감탄하며 정신없이 걷다보니 시장한 것조차 잊고 있었다. 마침 잘 되었다 싶어 순서를 기다려 자리를 배정받았다. 소문난 집이라니 더욱 맛이 있는 것 같다. 막걸리까지 한잔 걸치니 세상에 부러울 것이 없다. '사는 게 별거더냐'라는 말은 이럴 때 하는 말이 아닌가 싶다.

인생은 65세부터 10년간이 황금시기라고 한다. 그렇다면 나는 이제 막 황금시기에 접어든 것이다. 그런데도 수년 전 현직에서 은퇴하면서 마치 세상이 끝나기라도 하는 양 힘들어했다. 어떻게 사느냐에 따라서 다르겠지만 백수(白手)보다 더 좋은 팔자는 없다는 말이 오늘은 실감이 간다. '오늘'이란 내 남은 생애의 첫날이며 또한 어제 떠난 어떤 이가 그토록 살고 싶어 하던 내일이 아니던가. '잘 산다'는 것은 결국 이 오늘을 소중히 여겨 감사하며 사는 것이 아닐까? 더도 말고 항상 오늘 하루만 같았으면 좋겠다.

돌아오는 열차에 몸을 실었다. 얼마 만에 타보는 '완행열차'이던가! 석양 아래 북한강을 따라 S자로 굽어 도는 열차가 마치 뱀이 꼬리를 치는 듯하다. 내 인생도 이 열차처럼 완행으로 흘렀으면 좋겠다.

산성의 우정 외 1편

문 학 희

서둘러 대원들과의 합류를 위해 산성을 향해 열심히 차를 몰았다. 복정역 근처에서부터 늦가을의 눈발이 산성의 나목 사이에 흩어져 내린다. 낙엽 위에 내려앉는 가는 눈발이 옛 정취를 되살리기에도 안성맞춤인 날씨다. 얼마 전 "남한산성"영화를 봐서인지 인조의 슬픈 역사가 되살아나며 그때나 지금이나 충신의 충정이 오롯이 전달되지 않는 슬픔과 아픔은 여전하다는 쓰린 역사에 서글픔도 일깨운다. 우린 왜 나약한 국력밖엔 간직하지 못했음인가! 내 기억에는 고종의 애환도 쉽게 지워지지 않는 국치였다는 생각이 든다. 나약한 여인은 도움을 받을 구실이 있겠으나 국부의 여림은 뒤에 남은 국민 모두의 쓰라린 생사가 있음을 머리에 담아 뒀어야 하지 않았겠는가? 같은 수치(羞恥)를 반복하는 우민(愚民)의 소치가 아쉽기만 하다.

언제부터인가 산악대 B팀에 속해 등산보다는 모여 식사하는 시간에 합류하는 대원으로 전락(?)했다. 그래도 건강을 살피는 연세 독수리 산악대의 건전한 산행에는 항상 박수를 보낸다. 눈이오나 비가 오나 매월 4주 토요일은 이변이 없는 한 어김없이 산행에 동참들을 한다. 우정을 다지는 기회도 되겠으나 각자의 건강을 살피는 중년과 노년의 신사들이 결심이라도 한 듯 모여 미래의 자기들 모습에 긍정의 긍지를 내세워 토론하는 모습도 보기가 좋다

어느덧 133차(10여년)의 긴 역사를 간직한 산악대가 건재할 수 있음은 산악대장의 헌신적인 봉사와 노력이 있었기에 존재 가능했음

을 대원 모두는 알고 늘 감사하고 있다. 매해 12월은 빠짐없이 종주한 대원에 주어지는 알뜰한 시상품도 기대된다. 이렇듯 좋은 사람들과의 만남을 월례행사로 기다려지는 모임으로 자리매김 할 수 있게 된 것도 대장의 부단한 노력으로 남겨진 이벤트다. 산행 후의 식사는 단품일망정 꿀맛에 가까운 일품의 한 끼다. 대원들 색(가방)에서 나오는 후식은 모듬의 향연으로 담소를 이어가기에 빠질 수 없는 먹을거리다. 좋은 사람들과의 산행을 마치고 내려오는데 싸락눈이 제법 많이 내려앉는다. 영화에서 본 산성의 겨울을 다시 떠올리게 하는 장면이다.

한낮 대장장이에 불과한 날쇠의 지고지순한 나라에 목숨 건 애국충정이 치욕을 감수하며 후일을 도모하자는 이조판서 최명길이나, 맞서 싸워 대의를 지키고자 하는 예조판서 김상헌은 감히 흉내도 못 낼 뚝심의 충직함에 소임을 다하는 모습이나 임금이 말에서 내려 걸던 험난한 산성의 좁은 사잇길, 민생의 등에 업혀 오르막길을 오르던 행보는 차라리 허상이길 바라는 마음이 컸다.

나는 요즈음 영화를 자주 보는 습관이 생겼다. 예매에서부터 관람 시 층계 가까운 옆자리에 몸이 불편한 친구를 배려해서 입장권을 구매하는 고마운 친구 덕에 불편 없이 관람을 즐길 수 있기 때문이다. 그 친구는 자기 집 주변에도 영화관이 여러 군데 있음에도 불구하고 나를 배려해서 우리 집 근처의 CGV를 선택해준다. 승용차를 이용하다 보면 변하는 교통사정으로 마음 조임을 할 새라 남에서 북으로 먼 길을 선택해 와준다. 정말 고마운 친구의 우정에 머리 숙여 감사한다. 처음엔 셋이 함께 했었는데 오래전 한 친구를 잃었다. 그렇게 빨리 가지 않아도 될 사람이었는데…….

같이 만나 차 한 잔에 점심 나누며 옛이야기 나눌 좋은 친구는 주변에 누구나 많다. 그러나 나보다 남을 먼저 배려하는 고마운 친구는 그리 흔치 않다. 나는 그런 친구를 두었다는 행복한 생각에 산성을 가뿐히 벗어날 수 있었다. 그러나 한편으론 내년에 찾을 산성의 겨울 산은 어떤 사연들을 흰 눈으로 덮어주려는지! 세월은 흐름의 고비마디에 보이고 싶지 않은 깊은 사연들을 안고 있기에 말이다.

아버지의 유산

신학기가 되면 으레 아버지께선 책하고 공책(노-트)까지도 표지를 깨끗하게 네 귀가 맞게 반듯하게 싸 주셨다. 운동화에도 작은 글씨로 반, 번호, 이름까지 예쁘게 써주신다. 준비가 끝나면 가방은 다락 앞 선반에 올려놓고 책상은 앞으로 젖혀 내려놓고는 독서 삼매경(三昧境)에 몰입한다. 읽는 것이 아니고 새 책에 나온 그림부터 낱낱이 살펴본다. 저녁시간이 될 때까지도 독서는 끝날 줄 몰랐다. 그러다 밥 먹으라는 명희언니의 소리에 "알았어."하며 다시 책가방을 정리해 본다. 아차, 필통 정리가 안됐구나. 아버지께선 연필 끝 뒷면의 한 면을 1.5㎝정도 얇게 저며 내고 거기에다 이름을 아주 작고 예쁘게 써주신다. 때론 연필도 바뀌고 잃어버릴 때도 있다. 그래서 꼭 이름을 써야했다. 요즘 같으면 필통 째 잃어버린들 무슨 상관 있으랴마는 그 시절의 필통은 저학년에선 보물1호다. 지우개는 돼지모양, 토기모양, 네모 등의 모양에 따라 부(富)를 상징한다.

새 학기 첫 시간에 이름을 호명하면 동명이인이나 이름 때문에 첫 시간은 깔깔거리면서 제대로 수업이 이뤄지지 않는다. 순자, 애자, 옥자, 현자, 옥희, 혜자, 방구라는 이름까지 호명되면 또다시 웃음이 한바탕 교실 안을 메운다. 끝까지 출석이 확인되어도 내 이름과 같은 이름은 찾기가 어려웠다. 아예 없다. 그래서 나는 아버지께 감사했다. 같은 이름 없어서 웃음꺼리가 안되었다고…….

그 시절엔 출석부를 한자로 기명했다. 선생님은 내 이름을 문학기로 발음하시곤 '아차' 희구나, 이름이 참 예쁘다고 칭찬하시며, 잘못 발음한 무안함을 칭찬으로 대신하며 '어른스런 이름이네!'라고 말씀하셨다. 文學熙 공연히 목이 바로 세워지고 자세를 바르게 고쳐 앉는다. – 어른스럽다면 점잖아야 되겠구나. – 우연이지만 그때부터 나는 꽤 점잖은 아이로 불리었다.

수십 년이 반복 지나간 세월이지만 나는 그때의 선생님을 생각하고 내 이름을 사랑하고 자랑스럽게 여기게 되었다. 학교 현장에서 아이들한테 '자성예언'이 얼마나 중요한가를 내 경험으로 익히 알고도 남음 있기에 학생들한테는 언짢은 말의 꾸짖음보다는 좋은 말로 미래를 내다보고 말을 건넸다. '망할 놈'보다는 '부자 될 놈 '나쁜 놈'보다는 '괜찮은 놈일세.'로…….

내가 운전면허 시험을 볼 때만 해도(1972년도) 이름을 물어보고 자필기명보다는 친절하게 대필하는 시험관도 있었다. 함자는요? 글월문(文) 배울학(學) 밝을희(熙) 어! 뭐지? '아 – 박정희 熙자입니다.' 라고 말하면 두말이 필요 없다. 이름이 좋은데요. 그럴라치면 자랑스럽게 말한다. 옛날에 우리 아버지가 손수 지어 주신 거라고, '한학을 하셨나보죠? '나는 김봉수가 지었나 했죠' '이름이 좋습니다.'

한번은 인감을 새기려고 '보인당'을 찾았다. 본인 이름을 써내란다. 생년월일하고, 잠시 후 '이름이 아주 좋으세요.' '사주하고도 잘 맞네요.' '귀한 이름이십니다.'라고 혼자 말한다. 나는 입안으로만 말했다. 인감 새기는데 웬 사주는? 이럴 때마다 아버지께 감사한다. 재산을 많이 물려주셨으면 남의 고통은 외면하고 더 많은 부(富)를 축적하려 이사(移徙)인들 얼마나 많이 다녔을까? 7~80년대에는 이삿짐을 풀기도 전에 또 이사를 해서 차액으로 집을 두세 채씩 보유할 때도 있었기에 말이다. 작금에도 부당 수임료를 100억씩이나 받아 숨길 때 없어 남편학교 사물함에 숨긴 사실만 보더라도 돈은 다다익선(多多益善)으로 있으면 있을수록 욕심이 욕심을 더해 사람을 분주하게 만드는 모양이다. 아버지께선 선경지명이 있으셔서 딸이 힘들지 않게 외길 인생에 보람 있으라고 값진 이름을 유산으로 남기시어 별 탈 없이 지금을 지켜온 게 아닌가 싶어 또 한 번 감사한다. 글월(文) 배울(學) 밝을(熙) 글을 배울수록 미래가 밝아진다 하니 그래서 끝까지 교단에서 학생들과 평생을 함께 했음인지도 모를 일이다. 아버지의 값진 유산에 더없이 감사하며, 50여년 세월을 산소 찾아 성묘하며 아버지의 사랑을 기렸다. 벌써 산소 못간지가 4~5년 된듯하다. 점점 더 못 찾아뵙겠지……

신문이나 잡지(월간, 주간지)에서 ××문학회, 예(例)를 들어 '자유문학회'라는 글자를 대할 때면 나는 흠칫 놀라곤 한다. '문학회'에서 점(·)하나 빼면 '문학희'가 되고 '문학희'에서 점(·)하나 붙이면 '문학회'가 되니 어찌 놀라지 않을 수 있겠는가? 사방이 온통 내 이름으로 도배를 한듯해 더욱 놀란다. 요즘엔 한국수필문학회(韓國隨筆文學會) 때문에 또 놀라곤 한다.

내가 고려대 수필 창작반에서 글과 벗함은 우연이 아니라 필연이라 생각한다. 어떻게 글월문 성씨 밑에 배울학을 붙이시고 그 밑에 계집희가 아닌 밝을희로 마무리 하셨을까? 딸임에도 불구하고 나는 아버지의 높은 학문과 폭넓은 자식사랑에 더없이 감사하며 느린 걸음으로 오늘도 문학회 이름을 명함으로 달고 글벗과의 즐거운 하루를 머리에 그리며 고대평생교육원 수필창작 심화반을 찾는다.

소박맞았습니다 외 2편

이 제 홍

갑자기 성큼 다가온 추위 탓에 이불의 유혹을 뿌리치기 어려운 아침, 꼭두새벽에 툴툴거리며 집을 나섰다. '매월당 김시습 기념사업회'라는 긴 이름을 가진 단체에서 역사기행을 떠나는 날이기 때문이다. 사실 꽤 오래 전부터 이 단체의 초청을 받았지만 그동안에는 이러저러한 핑계를 대며 참가하지 않았다. 마음이 변한 것은 뿌리칠 수 없는 미끼를 던졌기 때문이다. 익산 미륵사와 왕궁리 유적, 그리고 가람문학관을 둘러볼 예정이라며 또 다시 참여를 권유해온 것이다. 그렇지 않아도 왕궁리 유적을 돌아보고 싶었는데 구미에 맞는 미끼를 던진 것이다.

약속시간이 되지도 않았는데 버스는 이미 사람들로 가득 차있었다. 내가 마지막으로 도착한 것이다. 이런 정성들이라니……. 버스에 오르니 나를 초청한 사람이 어느 여자분 옆자리로 안내해 주었다. 그녀는 수인사가 끝나자 『울림』이라는 제목이 붙은 작은 시집을 건네주었다. 시인이었던 것이다. 고맙다는 말을 하며 표지를 넘겨 약력을 읽었다. 말미에 대학원에 재학 중이라는 글자가 눈에 들어왔다. 아무리 살펴봐도 내 또랜데 대학원에 재학 중이라니? 흥미로웠다. 이른 아침부터 꽉 막힌 고속도로를 보며 대학원에 다니는 이유를 조심스럽게 물어보았다. 그녀는 이미 대학원에서 동양철학을 마쳤고 서양철학마저 공부하려고 시작했는데 대부분의 책이 원서로 되어 있어 이해하기가 너무 어렵더라고 했다. 그녀는 부족한 영어를 극복하려고 이번

12월에 영국으로 어학연수를 떠나 내년 9월에 돌아올 예정이라고 담담하게 얘기했다. 대단하다는 생각을 하며 나도 모르게 그녀의 얼굴을 쳐다보았다. 그녀도 나를 보며 보일 듯 말 듯 희미한 미소를 지었다.

그녀가 화제를 돌려 자신에 대한 이야기를 풀어놓기 시작했다. 남부럽지 않은 가정에서 태어나 좋은 남자 만나 행복한 결혼 생활을 했는데 그녀의 나이가 30을 넘어갈 무렵 남편이 덜컥 병에 걸려 오랫동안 병석에 누웠다고 했다. 어린 두 아이를 보살피며 오랫동안 간병하다 지쳐버린 그녀가 말 한마디 못하고 누워만 있는 남편에게 "애들 걱정 하지 마요. 내가 어떻게든 키울 테니 염려하지 말아요."하는 말을 푸념처럼 몇 차례 했는데 말을 마치고 남편을 보니 '그의 얼굴에 눈물자국이 있더라.'며 차창 밖으로 시선을 돌렸다. 그녀는 잠시 말을 끊더니 작은 목소리로 "다음 날 남편이 죽었어요. 아이들 때문에 숨을 못 놓다가 내가 다짐하는 말을 듣고 안심이 됐나 봐요."라고 말했다. 독백인 듯 들으라는 듯 얘기를 하던 그녀가 계면쩍은 표정으로 나를 보며 "내가 너무 말이 많죠?"하고 묻기에 "그렇게 젊은 나이에 어린 아이들 하고 힘들었겠습니다."라고 대답했다. 그러자 그녀는 "제가 낯선 사람에게는 말을 잘 않는 편인데 작가님이라고 해서 편한 생각이 들었나 봐요."하며 희미한 미소를 지었다. "작가가 뭐 대순가요?" 하고 물었더니 "작가님들은 마음이 순수하잖아요. 남을 감동시키는 글을 쓰는 사람들인데 순수하지 않겠어요?"하고 정면으로 바라봤다. 순간 그 눈을 마주할 용기가 나지 않아 고개를 돌렸다. 순수하지 않은 내 마음이 드러날 것만 같아서…….

점심식사를 마치고 차에 오르자 그녀가 "날씨가 추워 롱패딩을 입고 왔는데 차안에서 입고 있을 수도 없고 벗어놓으려니 작가님을 불편하게 해서 안 되겠어요. 다음번에 버스가 서면 다른 자리로 옮기겠습니다."라고 말했다. 순간 내가 무례한 짓을 했나? 아니면 나하고 대화하는 게 지루하거나 유쾌하지 않았나? 하는 생각들이 스쳐갔다. 미륵사지를 돌아보고 버스에 올랐을 때, 이미 그녀는 짐을 챙겨 다른 자리로 옮겨갔다. 인솔자가 탑승인원을 확인할 때 내 뒷자리에 있던 사람이 내 옆자리가 비었다고 걱정하기에 "소박맞았습니다."하고 웃으며 대답했다. 그 시간 이후 내 호칭은 '소박데기'가 되었다.

그녀가 자리를 옮긴 것이 호의에서 비롯했다는 것은 가람문학관에서 알게 됐다. 하루 종일 여러 곳을 방문하다 보니 피로가 전신을 엄습해 왔다. 지친 다리로 문학관을 관람하고 있는데 그녀가 나를 발견하고는 잠시 쉬라며 의자를 권했다. 테이블을 사이에 두고 그녀 앞에 앉자 예의 희미한 미소를 지으며 "큰 아이는 얼마 전에 결혼시켰어요. 작은 딸 아이는 지금 영국의 어느 병원에서 인턴으로 근무하고 있구요."하고 말했다. "따님이 영국에 있어 그곳으로 어학연수를 가는군요?"하고 묻자 가볍게 고개를 끄덕였다.

서울로 돌아오는 고속도로는 꽤 붐볐다. 하지만 지루할 틈이 없었다. '소박데기'가 불쌍해보였는지 간식을 가져다주는 사람들이 많아 그들에게 고맙다는 말을 하느라 바빴기 때문이다. 그녀도 잘 있나 싶어 슬쩍 뒤쪽을 보니 졸고 있는 모습이 보였다. 하긴 피곤할 만도 하지. 어느덧 나도 잠에 빠져버렸다. 서울에 거의 도착할 무렵 핸드폰에 문자가 왔다는 표식이 떴다. "오늘 하루 즐거웠습니다. 이 번호를 저장해 주세요. 영국 다녀와서 꼭 만나고 싶습니다." 그 메시지를 보는 순간 "아! 내가 소박맞은 게 아니었구나."하는 생각이 들며 나도 모르게 입가에 미소가 번졌다. “영국 잘 다녀오십시오. 그리고 다녀와서 다시 만날 수 있는 행운이 있으면 좋겠습니다.”하고 회신을 보냈다.

그녀의 첫 번째 시집은 『나, 어머니로 태어나 아버지로 살았네』였다. 남편과 사별하고 어린 아이들을 혼자 키우느라 식당일부터 안 해본 것이 없다고 했다. 그렇게 살면서도 틈틈이 시를 쓰고 그것을 모아 시집을 낸 것이다. 남편과 약속한 대로 아이들을 잘 키워냈으니 이제부터 홀가분하게 자기의 인생을 살려고 한다고 했다. 일행들과 헤어져 집으로 가는 내내 작은 체구에 롱패딩을 입은 이 여자가 남긴 말이 귓전에 맴돈다. “절실하게 원하면 못 할 일이 없어요. 작가님도 새로운 도전을 해 보세요.” 내게 소박을 놓은 이 여자가 원하는 모든 것을 이룰 수 있도록 같이 기원해본다.

커피가 고프다

낙이망우(樂而忘憂), 『논어(論語)』 술이편(述而篇)에 나오는 말로 "도를 행하기를 즐거워하여 가난 따위의 근심을 잊는다."는 말이다. 망우리 공원묘지의 망우가 여기에서 비롯됐다. 망우리 공원묘지에는 17,000여기의 묘가 있다고 한다. 그 가운데에는 우리나라 근 현대사에 큰 획을 그은 유명인사 17분도 잠들어 있다. 공원초입의 박인환 시인을 필두로 화가 이중섭, 만해 한용운, 위창 오세창, 도산 안창호, 소파 방정환 죽산 조봉암 등이 그들이다. 이분들의 이름을 확인하면서 고정관념이 산산이 깨졌다. 이곳은 단순한 공동묘지가 아니고 역사적으로나 교육적으로 의미 있는 장소였던 것이다. 망우리 공원묘지는 파리의 페르라쉐즈와 비견될 수 있는 우리나라의 공원묘지인 셈이다.

입춘은 지났지만 추위가 물러날 기색 없이 영하 10도를 넘나드는 날 망우리 공원묘지에 올랐다. 지난 가을 부여 무량사를 같이 다녀온 인연으로 '무량학파'라는 거창한 이름을 갖다 붙인 지인들과 같이 한 자리였다. 며칠 전 내린 눈이 채 녹지 않아 군데군데 잔설이 남아 있고 빙판도 가끔씩 나타나기는 했지만 따뜻하게 내리쬐는 햇볕이 있고 나무 사이로 한강도 언뜻언뜻 보여 걷기에는 좋은 날이었다.

지기(知期) 문명환 선생. 그의 묘로 가는 입구에 "말에는 본이 있고, 글에는 법이 있다. 말과 글이 같은 민족의 사회에는 말의 본이 글의 법이오, 글의 법이 곧 말의 본이다."라는 선생의 어록이 새겨진

비가 있다. 선생이 살아 돌아와 요즘 우리말이 외래어와 뜻 모를 약어(略語)와 비속어에게 시달리는 것을 보면 어떤 생각을 하게 될까? 말법을 지키지 못하는 우리가 부끄럽게만 느껴졌다.

위창 오세창 선생은 3·1독립운동 당시 민족대표 33인의 한 분으로 광복 후에는 일본으로부터 대한민국 국새를 돌려받고 백범 김구의 장의위원장을 맡기도 했다. 당대 최고의 서예가로 망우리 공원묘지에 있는 '노고산천골취장비', 방정환 및 설태희 선생의 비문에 글씨를 남겼다.

죽산 조봉암. 그는 "우리가 독립을 할 때 돈이 준비되어서 한 것도 아니고 가능성이 있어서 한 것도 아니다. 옳은 일이기에 또 아니하고서는 안 될 일이기에 목숨을 걸고 싸웠지 아니하냐."라는 말을 남겼다. 선생이 남긴 글을 보며 변절한 독립운동가, 곡학아세하는 오늘의 지도자를 다시 한 번 돌아봤다.

양지바른 망우리 공원묘지를 지나니 포장도로가 사라지고 좁은 산길이 나타났다. 용마산으로 가는 길이다. 나무가 만든 그늘 사이사이로 잔설과 얼음이 나타나 편안한 행보를 방해하더니 느닷없이 눈앞에 계단이 나타났다. 뒤따라오던 어느 산객이 계단의 수가 600개라고 친절(?)하게 알려줬다. 이런 공포의 구간이 있다니! 저질체력을 탓하며 계단을 한발 한발 오르다 보니 가쁜 숨이 여유를 빼앗아 멋지게 펼쳐져 있던 한강의 모습을 하나도 보지 못했다. 마지막 힘을 쥐어짜듯 계단을 올라서니 너른 공간이 나타났다.

춥기도 하고 다리도 아파서 잠시 쉬어가기로 했다. 일행들은 뒤처진 나를 기다리며 이미 간단한 주전부리들을 먹고 있었다. 나도 배낭에서 보온병에 담아 온 따뜻한 차를 꺼냈다.

"따뜻한 꽃차 한잔 드시지요."

"어째 허브차가 씁쓸합니다."

"추워서 입맛도 얼어서 그럴까요?"

"그러게요."

같이 간 일행들하고 허브차를 골고루 나눠 마셨다. 맛이 씁쓸하거나 말거나 구수하거나 말거나 따뜻한 차가 목젖을 타고 흐르니 추위도 가시고 기분도 좋아졌다. 기분전환이 되니 비로소 여유를 찾아 산 아래로 보이는 한강을 감상할 수 있었다.

날씨가 너무 추웠나? 핸드폰이 방전되어 버렸다. 집에서 나설 때만 해도 빵빵(?)하게 충전되어 있었는데 3 시간여 만에 바닥을 드러낸 것이다. 용마산 정상을 지나고 아차산 정상을 지나면서 만난 수많은 고구려 보루도, 눈앞에 펼쳐지는 한강과 서울시내의 모습도 눈으로만 보며 지나쳐야 했다. 4시간여에 걸친 산행을 끝내고 추위를 탈탈 털며 집으로 돌아왔다. 현관문을 들어서며 "여보! 나 커피 한잔만. 하루 종일 굶었더니 커피가 고프네."라 했더니, "무슨 소리야! 아침에 보온병에 하나 가득 담아줬는데."라고 대답한다. "그게 커피였어? 허브차가 아니고?"라는 내 말에 아내가 어처구니없다는 표정으로 웃는다. 보온병에 담겼던 것이 허브차가 아니고 커피였다는 것을 알고 나니 커피가 고프다는 생각이 저만치 달아나버렸다.

추워서 혀의 감각이 떨어져서 그랬을까? 아니면 커피를 허브차라고 믿어서 허브차 맛이 난 걸까? 본질보다는 생각과 마음가짐이 더 큰 힘을 발휘한 날이었다.

운현궁의 봄

멀리 있는 볼거리는 일부러 시간을 내서라도 찾아가지만, 가까운 곳에 있는 볼거리는 좀처럼 가지 않는다는 말이 여지없이 들어맞았다. 서울에서 살아온 지 40년이 넘었고, 근처를 지나간 횟수도 손으로 꼽을 수 없을 만큼 많았지만 정작 운현궁에 들어 가본 것은 이번이 처음이었다. 조선의 운명이 백척간두에 서 있을 때 국정의 중심이었던 곳. 가슴 속에 뜨거운 야망과 무서운 복수심을 품고 세월을 기다리던 사내가 웅크리고 있던, 그래서 우리나라 근대사에서 빼놓을 수 없는 운현궁을 2017년 가을에야 처음 찾았다.

살아가기가 어려워서였을까 아니면 무지해서 그랬을까? 흥선대원군의 손자는 한국전쟁이 끝난 뒤 운현궁의 상당부분을 팔아버려서 궁궐에 버금갈 정도로 거대했던 저택이 지금은 노락당(老樂堂)과 노안당(老安堂), 이로당(二老堂) 등 한옥과 양관(洋館)만이 남았고 운현궁의 일부를 사들인 덕성여대 등에서는 그 흔적을 찾기 어려웠다. 본래의 모습이 많이 사라져 아쉽기는 하지만 남아 있는 건물만으로도 왕실 가족이 살던 집의 품위와 아름다움을 알아채기에 부족함은 없었다.

대학에 다닐 때였다. 덕성여대를 다니는 여학생을 좋아하던 친구가 있었다. 가슴 아픈 짝사랑을……. 여학생은 여러 가지 핑계를 대며 남자를 만나주지 않았다. 어느 날, 친구는 무슨 수를 써서라도 여학생을 만나야겠다고 작심을 하고 아침부터 정문 앞을 지켰다. 하지만 대부분의 학생들이 하교할 때까지 여학생은 보이지 않았다. 아무리 기다려도 여학생이 보이질 않자 친구는 그 여학생이 하교하다 자기를 먼저 발견하고 학교 안 어딘가에 숨었다고 생각했다. 오랜 망설임 끝에 여학생을 찾아내려고 금남(禁男)의 구역에 발을 들여놓았다. 그가 정문을 막 통과하자 그렇지 않아도 의심스런 눈초리로 지켜보던 수위가 바로 제지했고, 친구는 제지를 뿌리치고 냅다 안으로 뛰어들어갔다. 그 다음부터 친구와 수위의 쫓고 쫓기는 달리기가 캠퍼스 내에서 벌어졌다. 나이 든 수위의 직업정신이 어찌나 투철했는지 친구는 캠퍼스를 구석구석 쉼 없이 달리고 나서 정문으로 되돌아 나온 뒤에야 쫓김을 끝낼 수 있었다. 나중에 이 소동을 전해들은 여학생이 마지못해 친구를 만나주기는 했지만 그들은 운현궁의 봄을 한 번도 누려보지 못했다.

옛 이야기가 떠올라서였는지 운현궁에 발을 디디는 순간 가장 먼저 머리에 떠 오른 것은 금동(琴童) 김동인의 장편소설 『운현궁의 봄』 이었다. 이 소설은 운현궁의 주인인 흥선대원군의 일생과 조선말의 복잡한 내외 정세와 풍운을 그린 우리나라 최초의 역사소설이다. 금동은 은인자중하던 대원군이 권력의 정점에 오른 뒤 야망을 펼치면서도 민초들의 아픔에 공감하는 인간적인 모습을 서술하는 등 그에 대해 매우 긍정적인 시선을 보냈다. 하지만 이에 대해 일부 비평가들은 지나친 영웅화라고 비평하기도 했다. 흥선대원군은 과연 어떤 인물이었을까? 기울어져 가는 나라를 일으키려고 동분서주한 희대의 풍운아였을까 아니면 시대의 흐름을 읽지 못한 구시대의 인물이었을까?

지난여름, 베트남의 후에(Hue, 化)지역을 여행하다 가슴 아프게 바라 본 유적이 있었다. 베트남의 마지막 왕조인 응우옌(阮) 왕조의 12번째 왕인 카이딘(啓定) 황릉이다. '세상에서 가장 아름다운 무덤'이라는 평을 받는 무덤을 조성하기 위해 카이딘 황제는 매년 국가예산의 30%를 쏟아 부었다. 이로 인해 국민들은 "조국을 프랑스에 팔아넘기고 민중들은 프랑스에 착취당하고 있는데, 궁전에서 화려한 생활만 하고 있다."며 폭동까지 일으켰지만 카이딘 황제는 이에 아랑곳하지 않고 11년 동안의 대역사 끝에 능을 완공했다. 화려한 카이딘 황릉을 보며 경복궁을 중건한 흥선대원군이 떠올랐었다. 카이딘도 흥선대원군도 왕실의 권위를 높이면 백성들이 결집되어 나라의 위기를 극복할 수 있다고 생각했겠지만 세상은 그들의 생각을 비웃기라도 하듯 거꾸로 몰락을 촉진하는 결과를 불러왔다. 그 돈으로 군사력을 키우고 경제를 일으켰더라면 조선에도, 운현궁에도 봄이 왔을 텐데……. 판단착오로 인해 운현궁도 경복궁도 엄동의 계절을 보내야만 했다.

흥선대원군도 친구도 그리고 그 누구도 아름답고 세련된 운현궁에서 봄을 맞이하지 못했다. 정녕 운현궁에는 봄이 없는 걸까? 아니다. 이제부터는 운현궁의 대문을 활짝 열고 이곳을 따뜻한 봄기운으로 가득 채워야겠다. 역사는 반복된다고 하지만 또 다시 불행한 역사를 맞을 수는 없지 않은가?

그저 그런 이야기들 외 1편

양 호 인

30여년이 훨씬 넘은 것 같다. 친구 중 누군가가 연극 "고도를 기다리며"를 보러 가자는 제안을 했을 때 나는 고도가 섬인 줄 알았었다. 연극이란 것이 조금은 생소하던 때이다. 그때쯤 문화인이라면 몇 편의 연극은 보아두어야 한다는 생각 속에 갇혀 있었던 때인 것 같다. 그때 "고도를 기다리며"는 연극을 볼 줄 아는 사람이면 보아야 마땅한 것쯤으로 자리 잡고 있었던 것 같다. 장소가 어디였는지 정확히 기억조차 없는 어느 소극장이다. 서너 명의 함께 간 친구들은 너도 나도 무슨 소리를 하고 있는지도 모르면서 졸린 눈을 꿈뻑거리다 왔던 기억이 "고도를 기다리며"의 줄거리 전부이다. 아무도 졸렸다고 말하지도, 재미있었다고 말하지도 않았지만 누구도 언급을 회피했던 것으로 보아 그들도 나처럼 졸았음이 분명하리라.

2017년 판 "고도를 기다리며"를 관람하자는 제의가 왔을 때 30여년 전 보았던 그 고도가 섬이 아닌 것쯤은 그동안 세간에 회자되는 내용으로 대강은 짐작하고 있었다. 극단 산울림이 대표인 임영웅 씨가 수차례 연출하였고 해외 공연에서도 호평을 받았다고 한다. 연극은 수많은 배우들이 거쳐 가면서 마치 연극의 바이블처럼 여겨지고 있다고 해도 과언이 아니라는 평이다.

100여석쯤 되어 보이는 소극장 안, 좌석은 관객들을 거의 채우고 있었다. 극이 내용이 다소 철학적이기도 하고 지루한 감이 없지 않을 터인데도 관객들은 의외로 이 삼십대 젊은 층이 대부분이었다. 요즘 아이들은 감각적이고 희화적인 내용에 더 관심을 가질 것이라는 편견을 걷어 내기에 충분하였다. 더욱 놀라운 것은 그네들의 관람태도의 진지함이었다. 중간 중간 리액션은 물론이고 주인공의 대화가 심연을 향해 나아갈 때에는 숨죽인 듯 응시하는 표정들이 너무나 진지해 숨이 멎을 것만 같았다.

시골길, 앙상한 고목나무가 한 그루 서있을 뿐 아무 것도 없는 곳, 그 나무 아래에서 블라디미르(디디)와 에스트라공(고고)은 실없는 수작과 부질없는 행위를 반복하며 '고도'를 기다린다. 우스꽝스런 모습으로 아장아장 걸어 들어온 에스트라공(고고)과 장화를 벗어버리지 못해 안달하는 블라디미르(디디)의 등장에서부터 희화적인 슬픔을 고조시킨다. 길고 무의미한 그저 그런 이야기들이 지루해질 즈음 왜 떠나지 못하냐는 블라디미르의 질문에 고고는 고도를 기다려야 함을 반복한다. 반복되는 일상이 지루해질 즈음 포조와 그의 짐꾼 럭키가 등장하여 많은 시간을 메운다. 그리고 그 기다림에 지쳐갈 때쯤 한 소년이 등장하여 말한다. "고도씨는 오늘 밤에는 못 오고 내일은 꼭 오시겠다고 전하랬어요." 이렇게 어제인지, 오늘인지, 혹은 내일일지 모르는 하루가 저물어 가는데 고도를 기다리며의 기다림은 언제나 현재 진행형이다. 더욱 부조리[2]한 것은 약속의 시간도, 장소도, 목적도, 그리고 무엇보다 그 대상도 불확실하다는 사실이다. 그러나 "고도를 기다려야해"라는 말은 마치 거역할 수 없는 운명의 주문처럼 고고와 디디를 다시 지루한 기다림의 현실로 불러들인다. 절대로 떠날 수 없는 어떤 운명의 사슬에 묶여진 사람들처럼.

---

2) 이 연극은 '부조리극(theatre of the absurd)'에 속한다. '부조리'란 말은 이 경우 일상어에서 말하는 것처럼 우스운 것을 의미하는 것이 아니라 인간 존재의 의미와 무의미에 대한 질문과 연관된다.

1시간 30분의 시간을 꽉 채우고 1부가 끝났을 때 어딘지 허전했다. 연극이 끝난 줄 알았기 때문이다. 영화처럼 2부가 있으려나 싶었는데 10분간 휴식이란다. 다시 한 시간 반의 2부가 있다는 것이다. 우선 목이 말랐다. 편의점을 찾아 생수를 사서 벌컥벌컥 들이마셨다. 숨죽인 듯 보낸 한 시간 반 동안의 긴장 탓이었는지 그제 서야 호흡이 부드러워졌다. 그때부터가 걱정이다. 9시가 지난 시간인데다가 전날 밤 잠을 설치기까지 했으니 졸음 귀신이 나타날 것만 같았기 때문이다. 내가 졸릴 것 같다는 소리에 지인은 물이 있어서 괜찮을 것 같다고 위로한다. 2부가 시작되었다. 다시 같은 모양이 그저 그런 대화들이 오고간다. 디디와 고고의 설전이 지루해질 무렵 다시 포조와 짐꾼 럭키가 등장한다. 짐꾼 럭키의 조그만 반란이 이어지고 여전히 지루한 대화가 오고갈 무렵 내 눈꺼풀은 시나브로 내려앉고 말았다. 눈꺼풀만 내려앉은 것인지 고개마저 떨구었는지는 알 수 없다. 내가 눈을 떴을 때는 포조와 짐꾼 럭키가 무대를 나가고 없었다. 결국 내 생애 두 번째의 "고도를 기다리며"의 관람은 졸음으로 마무리하고 말았다. 슬쩍 옆자리와 주변을 둘러보았다. 혹시나 내 졸음을 훔쳐보는 이가 없나해서이다. 모두가 연극에 몰입해서인지 모른 척 해주는 것인지 별 반응이 없어 보인다. 아니 어쩌면 알아도 모른 척 해주는 것이 맞을 것 같다. 숨죽여 마지막 장면을 응시한다. 긴 호흡 끝에 끝난 고고와 디디의 그저 그런 이야기들은 철학적 상념이 되어 내 가슴으로 들어왔다. 조그만 무대의 나무위로 태양빛 조명이 환하게 켜진다. 출연배우의 인사가 끝난 후 나는 고백했다. 포조와 짐꾼 럭키가 나가는 것을 못 보았다고. 그래도 30년 전의 그날보다는 꽤 많은 줄거리가 생각나는 것을 보니 나도 이제 삶의 깊이가 좀 깊어진 모양이긴 하다.

극장을 나오자 봄바람이 상기된 볼을 간질인다. 늦은 밤 봄내음 가득한 밤길을 따라 버스정류장을 향해 걸으며 연극의 주제를 생각해 보았다. 생애 두 번씩이나 내 눈꺼풀을 내려뜨린 연극"고도를 기다리며" 의 고도는 이 시대를 살고 있는 사람들, 원작자 사무엘베케트[3] 그리고 관객들이 각자 기다리는 고도가 무엇인지에 대한 끝나지 않는 고민과의 줄타기가 아닐는지. 그리고 사람들의 마음속에 자리 잡은 유토피아, 혹은 신, 소망과 열망이 아닐 런지.

---

3) 『고도를 기다리며』는 베케트가 2차 대전 당시 겪은 피신 생활의 경험이 밑바탕된 것으로, 그가 남프랑스의 보클루즈에서 숨어 살면서 전쟁이 끝나기를 기다리던 자신의 상황을 인간의 삶 속에 내재된 보편적인 기다림으로 작품화한 것이다. 주석은 www.naver.com 참조하였음.

꾸어다 놓은 보릿자루

조선조 연산군 때의 일이다. 폭정이 극에 달하자 몇몇 신하들은 거사를 모의하게 된다. 거사에 참여할 사람들이 다 모이자 성희안은 거사에 대한 이야기를 하며 그들과 대화를 주고받으며 거사를 계획하고 역할 분담을 마친다. 그런데 한 사람만 유독 아무 말을 하지 않고 있어 이상하다고 생각한 성희안은 사람 수를 세에 보았다. 사람 수가 한 사람 더 많은 것을 알게 된 성의한은 머리끝이 쭈뼛해져서 집주인인 박원종에게 귓속말을 했다. “여기 염탐꾼이 있는 것 같소.” 무슨 말이냐는 태도에 김 대감 옆에 있는 사람이 아까부터 아무 말 없이 우리말을 듣고만 있는 것으로 보아 염탐꾼이 틀림없다는 것이다. 박원종이 자세히 살펴보니 그것은 거사에 쓸려고 옆집에서 꾸어다 놓은 보릿자루였다. 어둠속이라 사람이 가만히 앉아 있는 것처럼 보였고 누군가가 벗어 놓은 갓을 올려놓았으니 사람처럼 보였던 것이다. 이것이 유래가 되어 아무 말 없이 한쪽 구석에 앉아 있는 사람을 꾸어다 놓은 보릿자루 같다는 말을 하게 되었다고 한다.

언양의 자수정 동굴, 50여년 만에 만난 초등학교 친구들과의 여행의 마지막 코스이다. 범어사에 들러 조용히 숲길을 걷고 싶던 내 제안은 일언지하에 거절당하고 만다.

수 십 년을 건너뛰어 만난 친구들과의 여행이니 어디면 어떠한가. 그들과 함께함이 중요할지니. 그곳이 어디건 예의 그 낭만이 되살아

나옴은 우리네 가슴속에 켜켜이 쌓여 있는 추억거리들이 한 무더기 쏟아져 나와서일 게다.

자수정동굴은 예로부터 옥산이라 불리어지며 자수정의 생산지로 유명하다고 한다. 신라시대의 금령총에서 출토된 수정목걸이와 안압지에서 발굴된 진단구4)에서 자수정이 확인된 것으로 보아 우리 조상들은 자수정을 귀한 장신구로 사용하기 위해 채취한 것으로 보인다. 어쩌면 동굴은 신라시대부터 존재해오고 있는지도 모르겠다. 다만 일제강점기 일본인은 한국인들을 강제 노역시켜 많은 양의 자수정을 불법 채취하여 반출하였다는 기록만이 남아있다. 일본이 패망한 후 광산 인근 주민들이 원시적인 도구를 사용하여 산발적으로 자수정을 채취하다가 1975년 지역 산주들을 중심으로 '경상남도 토사석 채굴업협동조합'이 결성되어 공동 생산 체재 하에 자수정을 채굴하여 왔다고 한다. 동굴은 1987년 8월 20일 오후 3시. 동굴관리책임자와 생산팀장이 발견 후 원석을 캐어내고 본 정동을 영구보존하기 위해 복원하여 공개되었다.

동굴로 들어서자 자수정 특유의 화려한 보라색 암석이 인공으로 설치해 놓은 조명을 받아 현란한 빛을 발한다. 무더위에 이글거리는 포도를 달려온 터라 동굴 속 시원함이 전신을 감싸오니 그 속에 저절로 몸을 맡기게 된다. 조금 들어가니 동굴 안에는 커피숍이 기다린다. 나도 모르게 양미간을 찌푸리고 만다. 조금 더 들어가니 더 가관이다. 마치 이집트의 파라오 궁에라도 들어가는 것처럼 입구에는 이

4)건물을 세울 때, 땅의 신을 제사지내기 위해서 지하에 많은 재화를 묻었는데 그 매장품을 말함.

집트 복장을 한 흑인 병정상이 있다. 이집트의 궁전에서나 볼 듯한 원형기둥들, 심지어 미이라까지 엎드려 있다. 고려장의 미이라로 이집트 고 왕조 시대 일반시민으로 쭈그려 엎어져 있는 모습이라는 설명까지 적어 놓았다. 조금 더 가니 이번에는 아뿔싸 주라기 공원의 공룡까지 등장했다. 동행한 친구에게 짜증을 부렸다. “아니 이 사람들 미친것 아니냐? 아무리 돈벌이가 중요하다 한들 우리나라의 자수정 동굴에 웬 이집트 병사며, 미이라는 뭐냐? 그리고 또 주라기 공룡을 뭐란 말이냐?”

삼국시대부터 있었다며 그 시대의 동굴의 역사나 아니면 차라리 일제강점기 우리 노동자들의 강제 노역 장면이라도 재현해 놓았으면 아이들에게 교육이라도 될 것 아니냐며 혼자 역정을 내었다. 그런 내 모습을 옆에서 지켜보던 내 친구는 그러게 말이다 라며 동조 해 주느라 진땀을 빼는 것도 모르고 나는 계속 열을 내고 있었다. 그러는 사이 중국의 포대화상이 친절한 설명과 더불어 우릴 맞았다. 더욱 가관인 것은 급조된 부처님 앞에 제법 그럴 듯한 재단까지 준비해 놓은 터이다. 내 친구는 서슴없이 들어가 시주와 더불어 절을 한다. 친구를 나무랄 일은 아니다. 부처란 늘 그의 마음에 있을 테니 그곳이 어디면 어떠랴. 한참을 돌아보던 중 다듬어지지 않은 석굴에 망치와 정을 들고 석굴을 파내는 우리네 광부들 모습이 보인다. 아마도 일제강점기 모습인지도 모르겠다. 그 옆은 리어카와 안전모. 전기적 공법을 이용한 드릴 모양의 공기구가 있는 것으로 보아 80년대의 광부들의 채광하는 모습인 듯하다. 물론 어떠한 설명도 없다. 이집트의 미이라와 포대화상 옆에 친절히 붙여놓은 설명판과는 참 대조적이다.

지구의 반대편 먼 나라 이집트에서 꾸어온 병정들과 미이라, 중국의 포대화상은 왜 그곳에 까닭 없이 불려왔는지. 하긴 30여분을 기다려 그곳에서 공연되는 중국인들의 서커스 공연까지 남김없이 보는 관광객들이 있으니 말해 무엇 하겠는가? 아마도 그 까닭이겠지 싶다. 아무리 지자체나 관련업체의 관광수입이 중요하다고 하지만 그곳에 우리네 광부들이 자수정을 파내던 모습을 좀 더 잘 그려 놓았으면 어떨까? 그 모습에 토속적 가락을 입혀 공연을 만들어 공연한다면 일거양득이 될 것만 같은데. 가슴 찡한 역사의 현장을 만들었으면 얼마나 좋았을까? 볼거리가 그리도 없었는지. 낯선 땅에서 보초를 서게 된 이집트병사가 쓴 웃음을 짓는다.

역사의 숨결과 질곡의 삶을 면면히 이어온 우리네 광부들, 일제강점기 갖은 만행을 견디며 지켜온 그 분들에 대한 설명은 한 자도 없으니 마치 주인이 객이 된 듯, 아무 말이 없는 꾸어다 놓은 보릿자루 신세가 되고 말았다.

머리 어깨 무릎 발 외 2편

김 정 태

목사님이 설교 중에 미국 유학시절 이야기를 했다. 방학이 되어 가족여행으로 문득 캐나다를 가고 싶어지더란다. 여권을 살펴보았더니 유효기간이 얼마 남지 않아 돌아올 때 혹 문제가 발생할지 몰라 포기하고 그 대신 미국 곳곳에 자동차 여행을 시작했다. 어린 딸은 엄마 아빠와 하루 종일 같이 노는 것이 좋아 연일 신이 났다. 그러던 중 어느 날 캐나다 국경부근에서 여권도 없이 월경(越境)을 했다. 이왕 들어온 것 하고 여기저기 구경하다가 돌아오는 길에 국경 검문을 받게 되었다. 까다로운 검문을 받으며 심각해 있는데 세 살 난 딸이 테이블에 올라가 '머리 어깨 무릎 발(Head and shoulders knees and toes)'을 노래하며 율동을 시작했다. 엄중하게 범법여부를 따지던 관리들이 일손을 놓고 아이를 쳐다보며 환호했다. 가족들은 그날 아무 일 없이 미국으로 입국할 수 있었다고 했다.

아이는 그 숨 막히는 순간에도 엄마 아빠와 같이 있다는 사실이 마냥 즐거웠을 것이고 아이의 율동과 노래가 심각하고 딱딱한 분위기를 한순간에 녹였으리라. 어린아이의 천진난만한 모습이 전쟁터 같은 국경사무실을 은혜 같은 여유로움으로 가득 채웠으리라. 영화 '사운드 오브 뮤직(The Sound of Music)'에서 사선을 넘어 알프스 정상에서 춤추며 노래하는 폰 트랩 가족의 사랑과 평화를 연상케 했다.

대학시절 방학이나 명절을 맞아 중앙선을 타면 고향을 찾는 많은 사람들로 열차는 항상 열기가 넘쳤다. 중앙선은 청량리에서 경주까지 가는 단선 열차였는데 안동이 종착역인 경우도 있어 나는 주로 그 열차를 이용하곤 했다. 중앙선은 완행열차인데 친구나 가족들과 어울려 고향을 찾아가는 열차안의 모습은 참으로 여유롭게 보였다. 넥타이를 느슨하게 풀어 제치고 앉아 친구들과 음료수를 마시며 군데군데 화투판을 즐기는 모습도 있고 잠자는 어린애를 안고 부인과 담소하는 정겨운 모습도 있다. 숨 쉴 틈 없이 바쁘게 돌아가는 일상을 벗어나 고향을 찾아 간다는 그 자체가 평화와 안식을 주는 것이리라. 학생인 내게 고향 가는 그런 모습은 너무나 여유롭고 멋있게 보였다. 여유의 당당함은 멋이요 포용이기 때문에 그것이 곧 아름다움이며 자유요 선(善)으로 보였다.

여유는 힘에서 온다. 정의로운 힘은 주변을 자유롭고 평화롭게 만들어 준다. 꼬인 매듭을 풀어주고 얽힌 길을 터주고 막힌 물꼬를 터주는 그러한 힘은 감동과 희열, 존경으로 채워진다. 현대그룹 정주영 회장이 생전에 가끔 현장 근로자들과 한 테이블에서 식사하던 모습은 참으로 선하고 여유롭게 보였다. 내가 모시던 김각중 회장님은 지하철을 즐겨 타고 직원들과 바둑을 즐기며 여가를 이용해 피아노를 연주하는가 하면 안동국시를 좋아했다. 이 땅은 가만있어도 스트레스가 많은데 당신이 화를 내면 직원들이 너무 불쌍해진다며 큰소리를 치지 않으시는 분이었다. 그러나 일반적으로 많은 강자들은 무소불위로 사악해지기 쉽다. 법을 자의적으로 휘두르던 탄핵정국의 주역들을 생각해볼 때, 검찰에 질세라 마구잡이로 영장을 남발하는 영장 법관들의 경망스런 행태를 볼 때, 정의롭지 못한 강자들은 갑질을 일삼는 졸부만큼이나 끝없이 추악해질 수도 있다는 것을 어렵잖게 알 수 있다.

여유는 근면하고 부지런한 사람들의 전신에 넘쳐흐르는 충일함이다. 노동 없이 누리려는 사람들은 사술과 기만을 일삼아야하기에 여유롭지 못하고 늘 무언가에 혈안이 될 수밖에 없다. 밀레의 명화 만종(晩鐘)에서 하루를 끝낸 들녘에 서서 기도드리는 부부의 감사기도에서 한없는 여유로움을 볼 수 있다. 여유는 질서 속에서 피어나는 아름다움이다. 질서가 무너진 사회에서는 늘 무언가에 쫓겨 발걸음이 빨라져야하고 경계와 긴장을 늦출 수가 없다. 여유는 또한 관용과 사랑 속에서 우러나는 향기다. 관용과 사랑이 없는 사회는 증오와 저주 갈등으로 숨이 막힌다. 나라와 이웃에 대한 사랑, 용서와 관용의 개척자정신은 난마처럼 꼬여 암울한 사회일지라도 치유하고 발전하게 하여 영광의 길로 이끌어간다. 1620년 메이플라워호를 타고 신대륙으로 이주한 청교도들이 낯선 땅에서 혹독한 추위와 질병으로 온갖 시련을 겪은 후 이듬해 첫 추수를 마친 것을 기념해 잔치를 열어 하나님께 감사기도를 올렸다. 그들에게 도움을 준 원주민들도 불러 옥수수와 칠면조 등의 음식을 나눠 먹으며 수확의 기쁨을 함께했다. 감사드리는 개척자들의 여유로운 정신이 풍요롭고 위대한 아메리카를 이룩하고 발전시켜오고 있다.

2017년의 가을은 느닷없이 밀어닥친 이른 추위와 강풍에, 놀라 떨어진 낙엽들이 방향 없이 요란스럽게 굴러다닌다. 권력을 누렸던 자들이 떨어진 낙엽처럼 강풍에 휩쓸려 다니며 정신을 못 차리고 있다. 나라를 위해 평생을 헌신했다는 사람들의 소신은 한낱 바람결에 떠도는 낙엽이 되어 뒹굴고 잔혹한 바람은 분별없이 지축을 흔들고 있다. 여기저기 먹고사는 문제로 신음하는 군상(群像)들의 아우성이 요란하다. 여유 없는 어른들이 안간힘으로 불러대는 '머리, 어깨, 무릎, 발'은 머리에서 발끝까지 온통 눈살을 찌푸리게 할 뿐이다.

오는 크리스마스에는 함박눈이 내렸으면 좋겠다.

밤새 내린 흰 눈이 천지를 하얗게 덮어주면 좋겠다.

겨울바람

초등학교 때는 마을에서 시오리 떨어진 면소재지에 있는 학교까지 걸어서 다녔다.

겨울철에는 북서풍을 안고 가야하는데 그때 겨울은 유난히 추웠고 바람은 매섭기 짝이 없었다. 요즈음은 옷이 좋아 무장을 하면 어떤 추위에도 끄떡없겠지만 그때는 무명솜옷이 고작이어서 솜옷에 목도리를 하고 양말을 두 켤레씩 신어도 바람과 추위를 막아주지 못했다. 칼바람이 불어올 때는 발이 시리고 송곳으로 목을 찔러오듯 아파 어떤 아이들은 학교 길에 엉엉 울기도 했다. 공기는 밀도가 높은 고기압에서 저기압으로 이동하며 바람이 된다. 겨울철 바람이 유독 강한 것은 대륙과 해양의 온도 차이가 크기 때문인데 시베리아 벌판과 북태평양 온도의 격차에서 세찬 바람이 일어나는 것이다. 결국 우리는 그 어린 시절을 이유도 모르고 매일 매일 시베리아 바람과 사투를 벌였던 셈이다. 그러나 그때 추위는 비록 매섭기는 했지만 삼한사온(三寒四溫)이란 것이 있어 어느 정도 인정머리가 있어보였다. 3일 추우면 4일은 따뜻해주는 법, 신통하게도 날씨가 그 법을 잘 지켜 주어 모두들 한겨울을 무탈하게 지낼 수 있게 해주었던 것 같다. 방학이 되면 그 추위 속에서도 아이들은 눈만 뜨면 얼음판에 몰려 스케이트를 타고 팽이도 돌리고 명절 때는 연날리기로 즐거워하곤 했다. 그때 아이들은 손을 잘 씻지도 못하고 보습제도 없던 시절이라 손이 항상 틀어 갈라지곤 했다. 손등이 갈라지면 무척 아프고 고달프다.

겨울은 천지가 꽁꽁 얼어붙지만 크리스마스가 있어 참으로 행복했다. 해마다 11월이 되면 교회에서는 크리스마스 공연준비를 하곤 했다. 주로 성탄노래, 율동, 연극 따위를 준비하는데 아이들이 무척 즐거워했고 주일학교 선생님들이 참 열심이었다. 여섯 살, 그해 성탄절에는 전도사님이 건네준 원고를 외워 처음으로 크리스마스 인사말을 했다. 당시 시골에서는 학교 들어가기 전에 글을 깨칠 일이 없었는데 내가 인사말을 하니 놀라움에 그해 성탄이 더욱 왁자지껄했던 것 같다. 또한 성탄절 새벽에 어른들을 따라 집집마다 다니며 새벽송을 돌던 기억도 감미롭다. 깜깜한 새벽에 어머니, 아버지와 교인들을 따라서 새벽송을 돌았는데 산골이라 마을이 띄엄띄엄 떨어져 있고 어떤 마을은 산을 넘어야했다. 그때는 크리스마스 무렵이 유별나게 추웠다. 아직 학교도 다니지 않았던 어린애라 못 따라오게 야단도 맞았지만 나는 떼를 써서 따라가곤 했다. 솜옷과 목도리로 무장을 했지만 문고리에 손이 쩍쩍 달라붙는 추위라 바들바들 떨면서 어른들을 따라 교인들 집을 찾아 찬송을 불렀는데 그때 불렀던 것이 '고요한밤 거룩한 밤'이었다. 어두운 새벽에 마당에서 발을 동동 구르며 찬송을 끝내면 어떤 집은 방으로 안내하여 몸을 녹이라고 뜨거운 국을 대접한다. 시골에서는 겨울동안 산속 여기저기에 토끼틀을 놓아 토끼를 잡고 꿩도 잡는다. 그렇게 잡은 것으로 꿩 고깃국, 토끼 고깃국을 끓여 대접했는데 그 맛은 정말 일품이었고 지금은 어디서도 그 맛을 볼 수가 없어 아쉽다.

어린 시절 겨울바람은 그 매서움에도 불구하고 온갖 사연과 인정으로 훈훈하고 정겹게 느껴진다. 살아오면서 누구나 감당했던 혹독하고 쓰린 아픔일지라도 돌아보면 감미롭고 아련한 것은 그 모든 것이

겨울바람처럼 소중한 삶이었기 때문이다.

종로3가 전철역 에스컬레이터를 벗어나 거리에 들어서니 칼바람이 얼굴을 덮친다. 바람에 어깨를 움츠린 행인들의 발걸음이 유난히 바쁘다. 강풍에 더 이상 버티지 못하고 떨어진 플라타너스 잎들이 거리에 널부러진채 바람이 불때마다 요란스런 소리로 굴러다닌다. 길 한편에 꾀죄죄하게 앉아 오가는 행인들에게 무단히 욕질을 해대는 할머니의 겨울사정이 참으로 딱하게 여겨진다. 문득 지난 이맘때가 돌아봐진다. 호된 추위 속에서도 촛불이 거리를 메우고 한쪽에서는 태극기가 물결 쳤었지. 최순실 국정농단 사건으로 온 나라가 난리법석이었고 야당 단독으로 추천한 특검이 종횡무진으로 설치며 눈만 마주쳐도 가차 없이 구속시키는 격이었지. 확실한 증거도 없고 도망갈 일도 아닌데 세계적인 기업의 총수를 서슴없이 구속시켰다. 촛불세상의 특검, 마치 저승사자와 같이 무시무시하게 설쳐댔다. 점령군처럼 행세하는 그 위세에 눌려 죄 없는 국민도 숨소리를 죽여야 할 정도였다. 세상이치가 정상적인 권력은 여유롭고 상식이 통하는 법인데 급조된 권력이나 도에 넘치는 권력은 완장 찬 사람처럼 유세를 부리게 되나 보다. 해가 바뀌는 것도 아랑곳없는 양 거세게 불어제치는 칼춤에 모든 것이 움츠려 쪼그라들고 있다.

한때 일본은 우리나라의 외교권을 강탈한 을사늑약 체결 후, 우리나라의 비중 있는 인사들로 시찰단을 조직해 일본으로 데리고 가서 자신들의 강대함을 보여주려 했다. 월남 이상재 선생도 이 시찰단의 일원이 되어 일본을 방문하게 되었는데, 각지를 두루 살피고 마지막에 동경에 가서 대규모 군수병기창을 구경하게 된다. 그날 밤에 열린 시찰단 환영회에서 각자의 느낀 바를 말하는 시간, 시종일관 침묵을 지키던 이상재 선생이 마지막으로 일어나서 침통한 표정으로 입을 열었다. “오늘 병기창을 구경하였더니 대포와 총이 산더미처럼 쌓인 것이 과연 일본은 강국의 면모에 손색이 없습니다. 그러나 나는 퍽 유감이 섰소. 성경에 ‘칼로 일어선 자는 칼로 망한다’라고 했으니 나는 일본이 혹 그리 될까 큰 걱정이오.” ‘순사 온다’하면 울던 아이도 울음을 그치던 공포의 세월이었는데 이상재 선생은 당당하고 거침이 없었다.

언제부터 이 땅은 죽어가는 불모지로 황폐해져 버렸나보다. 패기와 여유, 배려와 관용이 시들어가고 겨울바람에 웅크린 모든 것이 앙상한 몰골로 요란스럽기만 하다. 사도행전의 마술사 ‘시몬’ 같은 황당한 자들이 도처에서 추앙을 받고 있다. 정치권의 상식적이고 합리적인 목소리는 번번이 권력의 핵심으로 부터 질책을 받고 일부 언론에 의해 조롱꺼리로 만들어져버린다. 훈훈하고 정겹게 느껴지던 광장은 폐허로 무미건조해져만 가고 땅위에 충일했던 기백(氣魄)은 약삭빠른 승냥이처럼 교활해져만 가고 있다.

갑자기 밀어닥친 한파에 천지가 꽁꽁 얼어붙었다. 산다는 것이 늘, 겨울바람 안고 씨름하다가 봄을 맞이하곤 하는 것인데 이번에도 소한대한(小寒大寒) 지나면 봄은 오겠지.

신비로운 여인

비 오는 날이면 가끔 아파트 앞 우이천(牛耳川) 물가에 두루미 한 마리가 골똘한 모습으로 서 있곤 한다. 미동도 않고 서서 불어나는 물을 응시하는 무심의 경지는 신비롭기까지 하다. 내 지난날 가난했던 학창시절은 그러한 한가한 몸짓으로 하늘을 응시할 여유로움은 꿈도 꿀 수 없는 사치였다. 뛰고 달리다 숨차면 멈추어 숨을 고르는 그것이 유일한 휴식이었고 날개 짓 멈추면 엄습하는 외로움에 아파했던 것이 일상이었던 것 같다.

대학시절 친구 K는 다방면에 재능이 있고 주변에 좋아하는 친구들이 많아 외로울 틈이 없었다. 그런 그가 미팅을 처음하게 되었다. 그는 파트너 여학생이 첫눈에 쏙 들어 마주앉은 자리에서 제 속마음을 다 들쳐 살아온 삶과 생각을 있는 대로 다 이야기했다. 듣고 있던 여학생이 '미팅이 이렇게 부담스러운 것이라면 앞으로는 하지 않겠다'고 말하고 일어섰단다. 친구는 떠나가는 그녀의 뒷모습을 계속 쳐다보고 있었지만 모퉁이 돌아 사라질 때까지 뒤 한번 돌아보지 않고 가더란다. 그는 한동안 그 만남의 충격으로 힘들어했다. 낯선 만남에서는 정제된 생각을 이야기할 필요가 있는데 때 묻지 않은 순수함으로 감상에 치우쳐 주저리주저리 여과 없이 이야기 하다보면 후회가 남는 법이다.

글도 그런 것 같다. 글을 써놓고 보면 가끔은 어느 부분이 민망스럽기도 하고 자신도 모르는 사이 글속에 가시가 돋아있고 군데군데

분노가 서려있어 흉한 모습이 되어있는 것을 느끼기도 한다. 그것을 가다듬고 손질 하는 사이에 글 쓰는 것이 성찰과 수양이 되어 모난 마음까지 다듬어지곤 함을 느낀다. 어릴 때 감상에 젖어 정제되지 않은 편지를 보내놓고 두고두고 수치스러워 후회했던 경험은 누구나 한번쯤 가졌으리라 생각된다. 특히 수필은 추억도 아픔도 모두 내면에서 끓이고 삶아 숙성된 후 우러나오는 진액을 퍼내어 만들어진다. 그러한 속성으로 인해 수필은 푸근하고 훈훈하며 감미롭다. 삶의 멋과 여유로움이 향기를 뿜어주기도 하고 인고(忍苦)의 세월이 진한 감동을 주기도 한다.

수필반에 새로운 여성회원 한분이 들어왔다. 서로 얼굴이 익어 인사를 할 때 쯤 점심식사 때 우연히 내 옆에 앉았다. 그녀는 접시에 반찬을 가지 수 대로 차분하게 담기 시작했다. 내가 구석자리에 앉아 있어 반찬 집어먹기 힘들어 보여 그러는 것으로 생각하니 감사하고 황송해 민망스럽기 까지 했다. 저렇게 까지 안 해도 되는데 여자들은 참으로 섬세한 구석이 있구나. 잘 알지도 못하는 사이인데 회원이라고 저렇게 지극정성을 보이는 구나. 수필로 다듬어진 내공(內功)이 저렇게 남을 배려하고 위해주는 고매(高邁)한 경지에까지 이르렀구나 하고 감탄했다. 그것은 주변에서 좀처럼 보기 힘든 드높고 초월적인 인간애요 박애정신으로 보였다. 이상향에서나 존재하는 보살의 경지요 천사의 경지라 생각되었다. 순간 수필의 지고한 경지에서 있을 법한 완성된 인격에 대한 경외심으로 전율이 이는 듯 온몸이 오싹해지기까지 했다. 저 반찬을 담아 나에게 주면 나는 어떤 반응을 보여야하나 거절하기도 미안하고 받기는 더욱 거북스럽고 어떻게 해야 하나? 소녀 같은 그녀의 배려와 정성이 너무나 값지고 고귀하다 생각하며 혼자 고민에 고민을 하는데 그녀는 차곡차곡 담은 반찬그릇을 자기 앞에 놓더니 된장찌개까지 퍼서 밥그릇에 말아 열심히 먹기 시작했다. 잠시 망상에 빠져있던 내가 민망스럽고 무안해졌다.

이후 나는 그때, 이상한 행동으로 사람을 헷갈리게 했던 그녀를 유심히 보게 되었다. 그녀는 무언가 엄숙하고 여리고 우수에 차있는 것 같기도 하고 한편으로는 위엄과 신비로움이 풍기는 듯도 했다. 마치 비 오는 날 우이천의 신비로운 한 마리 두루미 같아 보인다고나 할까. 더운 여름에도 기품 있는 검정색 양장을 걸치고 다니기에 더욱 신비로워 보였다. 풍채에 비해 말소리는 소녀처럼 가냘프고 앳되다. 영문학도답게 에드가 앨런 포(Edgar Allan Poe)를 좋아하는 그녀의 글은 섬세하고 애절함이 깃들어있어 자기가 써온 작품을 읽으면서 심취되어 곧잘 울어버리곤 했다. 회원들을 위해 간식으로 자주 빵이나 샌드위치 등을 사가지고 오기도 하는데 어느 날은 김밥에 콩나물국까지 넉넉하게 준비해 왔다. 그날 어떤 핸섬한 남자가 김밥보따리를 교실까지 들어주고 번개같이 사라졌다. 무슨 남자인가? 김밥 집 사장이 장사는 접어두고 교실까지 쫓아오네 싶어 놀랐는데 나중에 남편 되는 교수님이라 해서 다행(?)스러웠다. 그녀에게 풍기는 그 신비로움의 정체가 무엇인지 모르는 체 시간은 흘러갔다.

그러는 가운데 어느 날 그녀의 앞에 앉은 여자 회원이 뒤돌아보며 그녀가 마시던 생수통의 물을 한잔 마시려 하니 그녀가 화들짝 놀라 '안돼요. 이건 내가 마시던 물이예요. 하며 생수 통을 가로채 뒤쪽으로 감추어버린다. 나는 먼발치에서 우연히 그 모습을 보며 남의 일 같지가 않게 아찔해져 왔다. 앞에 앉은 분이 마음에 상처를 받기 딱 좋은 상황이어서 걱정이 되었다. 그깟 물 한 병이 뭐 대단하다고 기겁을 하며 빼어 감추기까지 할까? 잠시 후 그녀는 미안했던지 물 한 컵을 받아와 건네주며 이것은 입 안댄 것이니 마시라고 했다.

어느 날 수업 후 식사시간에 오랜만에 그녀는 내 앞에 앉아 나와 처음 만났을 때 했던 것처럼 그렇게 반찬을 접시에 담고 있었다. '반찬을 왜 그렇게 담아요?' 나는 오랫동안 궁금하게 생각했던 것을 조심스레 물어보았다. 정확하게 말하면 왜 멀쩡한 사람 헷갈리게 별난 짓을 하느냐는 그런 뜻이었다. 그녀는 나를 보며 망설임 없이 말했다. '아! 이거요?' 하더니 '제가 면역억제제를 먹고 있거든요' 한다. '그게 뭔데요?' 하니 몸 안에 면역체가 너무 강렬하여 체내 세포를 공격하기 때문에 그것을 억제시키는 약을 먹는다는 것이라며 '그래서 나는 항상 내가 먹을 반찬을 별도로 먹고 있어요' 하며 씁쓸하게 웃었다 아! 그런 것이었구나. 몸속에도 피아(彼我)구분을 못하는 그런 기막힌 반역(?)이 일어나는구나 싶어 마음이 무척 아팠다. 물을 빼앗아 감춘 것도 상대방에 대한 배려에서였구나.

시대가 악하여 믿었던 사람에 배신을 당하고 밤잠을 못 이루는 사람들이 많다.

그러나 그러한 아픔이 어찌 자신이 자신을 찔러대는 그녀의 기막힌 사정에 비하랴. 나는 비로소 그녀에게 풍기는 신비로움의 정체가 무엇인지 알듯했다. 번뇌의 해탈을 위한 무인공산(無人空山)의 고독함, 바로 그것 이었구나. 그러나 그것은 그녀가 풍겨주는 것의 지극히 일부에 지나지 않을 수도 있다. 오히려 그것을 뛰어넘는 훨씬 더 높고 깊은 것에 있는지 모를 일이다. 그녀의 신비로움은 지고지순함을 염원하는 관조적(觀照的) 침묵이나 고고함에서 오는 것인지도 모른다.

4부
두르지 않은 목도리

국화 옆에서 가을을 느끼다 외 1편

김 영 한

고교시절에 단체로 경복궁에서 개최하는 미술 전시회에 갔었던 적이 있다. 그날 미술전시관 가까이에 국화 전시회가 함께 열리고 있었다.

미술관 앞에서 입장을 기다리고 있는데 이상하게도 야외 전시장의 국화 작품에 자꾸 시선이 끌렸다. 관람 도중에 친구들보다 먼저 미술관을 빠져나와 전시된 국화를 보고 빨리 나오기를 잘했다는 생각을 했다. 나는 작품으로 선보인 국화에게서 고결한 여인의 기품 같은 것을 느꼈다.

주 행사인 미술 전시회에서는 동양화 부문의 큰 상을 받은 국화그림을 보고 그저 잘 그려진 그림이라는 생각뿐이었고, 그것에 대하여 감명 같은 것을 받지 못했다.

지금 생각하면 고교 일 학년 때 그림 볼 줄 아는 안목이 내게 있었겠나 싶다. 전시되어 있는 국화를 보고 여인의 기품을 느꼈던 것을 생각하면 국화와의 인연이 그때부터 시작되었나 보다.

그 후 언젠가부터 시골 길섶이나 들에서 쑥부쟁이와 구절초, 감국 같은 들국화를 보면 마치 누구를 기다리는 듯하여, 한적한 곳에 피어 있는 그들을 관심 있게 바라보곤 했다.

해마다 10월이면 나는 전남 함평에서 개최되는 가을축제 '대한민국 국향대전(國香大展)'을 보러가곤 한다. 거기서 국화분재 동호인들을 만나 함께 즐기고 분재국(盆栽菊)의 신품종에 관한 정보도 얻는다.

2005년 가을, 남도를 여행하던 중 우연히 함평군에서 개최하는 국화 전시회를 관람하게 되었다.

여러 종류의 작품들이 자기만의 고유한 멋을 뽐내며 보는 이로 하여금 탄성을 자아내게 했다. 원예적 분류로 나뉘어 전시 됐는데 입국(立菊)작, 현수(懸垂)작, 다륜(多輪)작, 모형(模型)작 등 모든 작품들이 다 훌륭했다. 나는 나비가 되어 국화 위를 날고 싶은 충동을 느꼈다.

관람을 마치고 나오니 전시관 출구에 국화분재관이란 안내 표지판이 있었다. 별도로 전시관 하나가 더 마련되어 있는 것이다. 국화분재? 의아해하면서 들어가 보았다. 정말 여러 종류의 국화 분재들이 수려한 자태를 선보이고 있었다. 초화식물 국화가 일반 수목분재처럼 나무의 형태로 표현된 것이 너무 놀라웠다.

소국(小菊) 품종들로 연출되어진 국화분재는 전에 다른 국화 작품이나 일반 수목분재에서 느끼지 못했던 고결함이 있었고, 더욱이 그들의 굵은 주간과 수형은 그윽한 향기와 함께 국화의 격조를 한껏 더 높여주고 있어 참으로 경이로웠다.

나는 선경(仙境)에 들어선 것 같은 황홀감에 빠져 하나하나 세심히 살펴보았다. 작품마다 출품자와 작품형태, 품종이 소개된 명패가 세워져 있었다.

출품자의 이름 아래 직간(直幹), 사간(斜幹), 문인목(文人木), 쌍간(雙幹), 합식(合植), 현애(懸崖), 연근(連根), 벌취(筏吹), 석부(石附), 목부(木附) 등 작품유형과 백조(白朝), 백봉(白峰), 천석주(千石舟), 황호(黃虎), 미까도, 나비사랑, 홍다마(紅茶瑪), 월후사자(越後

獅子), 홍송(紅松), 북두송(北斗松) 등이 품종으로 소개 되었다.

국화의 원예 유형중에 분재부문이 있다는 것이 신선한 기대감을 갖게 했고 그 기술이 부러웠다. 관람 후에 함평 농업기술센타의 국화분재 담당자를 만나 수강 자격에 대해서 물었다. 그는 강습 때 마다 서울에서 이 먼 곳까지 매번 수강하러 올 수 있겠냐고 내게 되물었다.

이듬 해 3월, 나는 국화분재강습 오리엔테이션에 참석했고 국화분재에 열정을 쏟았다. 한 달에 두 번씩 함평을 향해 서해고속도로를 달렸고 마침내 가을 축제 때에는 당당하게 내 작품도 전시하게 되었다. 수강 2년째인 다음 해 가을에는 함평에서의 '대한민국 국향대전' 첫 번째 대상(大賞)으로 농림부장관상 수상자가 되었다.

그것은 열정과 인내로 맺은 결실이었다. 2009년 10월엔 KBS 2TV 30분 다큐 '국화 옆에서 가을을 느끼다'에 출연했다. 해마다 유명 전시회에 출품하면서 별도의 개인 전시회를 가졌으며, 남산골 한옥마을 2010년 가을에서 외국 관광객들을 위한 김치 홍보행사에 협찬 전시도 했다. 연평도 포격사건 때에는 전쟁기념관에서 조국수호 추모전시회를 가졌고, 아산시 농업기술센터에서 '초빙강사'로 강의도 하면서 국화와 깊은 인연을 맺었다.

나는 그렇게 국화와 깊은 인연을 맺고 해마다 가을이 되면 늘 함평의 국화축제를 보러가곤 한다.

국화분재는 국화를 소재로 하여 자연수목의 여러 형태를 분에 연출하는 원예기술의 한 분야다. 초화식물로서 수목의 형상을 표현해 내는 아주 특별한 묘미가 있으며, 청초한 꽃과 함께 그윽한 향기를 동시에 감상할 수 있어 원예기술의 극치라 할 수 있다.

국화분재는 음력 11월에 모본에서 동지아(冬至芽)를 채취, 삽목(揷木)하여 뿌리를 내리어 온실에서 육묘(育苗)하는 것으로 부터 시작한다.

이듬 해 봄부터 어린 국화를 큰 분으로 옮겨심기를 하면서 뿌리의 확장을 도모하고, 충분한 일조량과 통풍이 잘 되는 곳에서 증산작용을 원활하게 해준다. 국화가 성장하는 동안 국화의 주간(主幹)을 굵게 하고 적당한 위치에 가지를 내기 위한 여러 번의 적심(摘芯)과, 조화 있는 수형(樹形)을 만들어가는 긴 시간의 까다로운 유인작업을 거쳐서 비로소 품격 있는 분재로서의 국화가 탄생된다.

한 그루의 수려한 국화를 탄생시키기 위해 구슬땀을 흘리면서, 나는 삶의 아름다운 꽃을 피우기 위해서도 열정을 가지고 인내해야 된다는 생각을 새삼스럽게 해보았다.

국화분재는 완성된 작품의 감상도 크게 기대 할 가치지만, 국화가 성장하는데 따르는 길고 힘든 작업과정을 인내하면서 기대감을 가지고 조금씩 이루어가는 것을 즐길 수 있어야 한다. 인고의 세월을 보낸 뒤에 향기를 발하는 국화처럼 작가의 수고를 작품에 담는 일은 매우 중요하다. 국화분재는 보는 이로 하여금 미(美)적 수려함뿐만 아니라 작가의 성실함이 국화의 기품과 함께 배어 있어야 한다.

우리 인생도 그런 것 같다. 고난과 역경을 인내와 성실로써 견디어 내는 것이 삶의 참 모습이 아닐까 한다. 그렇게 이루어가는 삶이 훗날, 반드시 아름답고 고귀한 삶의 향기를 발할 것이다.

어느 늦은 가을날, 전시를 마치고 회수한 국화를 정리하고 있는데 아내가 "당신 모습이 마치 국화 향기에 취해있는 신선(神仙)같아요." 하며 다가왔다. 나는 "제대로 봤는데! 그러면 이제부터 호를 국선(菊

仙)으로 할까?" 물었다. 잠시 뒤 대답 대신에 "훌륭하십니다."하고 아내가 맞장구쳤다. 칭찬이었는지 잘 모르겠지만, 그때 부터 호(號)도 하나 갖게 되었고 국향(菊香)짙은 만추(晩秋)에 신선이 되곤 한다. 국화는 내게 고결한 여인이며 소중한 친구다.

올해도 나는 국화 옆에서 가을을 느끼고 있다.

내 친구 초원의 유랑자

개학이 내일모레로 다가왔다. 밀린 숙제가 없어 홀가분한 꼬마의 마음은 아침 식전부터 들에 나가 있었다. 숟갈을 놓자마자 팽개쳤던 채양 쭈그러진 모자를 찾아 쓰고 서둘러 마당으로 나가 잠자리채를 집어 들었다.

대문을 나서는 꼬마의 모습이 제법 비장하다. '오늘은 커다란 풀무치를 꼭 잡아야지' 각오를 단단히 하고 아침 햇살을 받으며 들을 향해 뛰었다.

그동안 잡아놓은 왕잠자리와 호랑나비, 방아깨비만으로는 성에 차지 않았다. 곤충채집 상자에 풀무치 한 마리는 꼭 있어야 한다며 며칠 전부터 벼르고 있었다.

작은 것은 진즉에 몇 마리 잡아 놓았는데 크고 멋진 놈은 아직이다. 왠지 큰 녀석은 쉽게 볼 수 없었고 또, 눈치가 빨라 가까이 가기도 전에 얼른 도망가곤 했다.

꼬마는 풀무치가 친구 같았다. 그들의 노란색 날개가 너무 예쁘고 날아가는 모습이 멋있게 보였다. 같이 날고도 싶었다. 슬며시 장난기가 발동하면 풀무치를 잡으려는 의지보다 그들에게 동화되어 숨바꼭질하며 노는 것이 더 좋았다.

꼬마는 녀석을 쫓아 다니다 번번이 놓치곤 했다. 일부러 잡지 않았는지도 모른다. 녀석이 풀숲으로 날아가 버리면 날아간 곳을 한 참 바라보며 아쉬워했다.

꼬마가 들에 나가지 않은 날은 꿈속에서 그들을 만날 생각을 하면서 잠이 들었고, 아름다운 초원의 꿈을 꾸며 그렇게 유년의 여름을 보냈다.

어느덧 꼬마가 소년으로 자란 여름, 멀리 서빙고 한강 들판까지 원정(遠征)을 했다. 엄청나게 큰 왕풀무치를 거기서 봤다는 학교 친구 얘기를 듣고 단짝과 함께 가보았다. 정말 커다란 풀무치가 그 들판에 살고 있었다.

소년의 마음은 한껏 부풀어 그들을 쫓아 함께 초원을 날았다. 친구가 옆에 와서 물었다. “풀무치 잡았어?” “아니 아직 못 잡았어. 재네들 눈치가 너무 빨라.” 소년은 왕풀무치가 대견스러웠다.

풀무치가 멀리 날아가는 것을 바라보면서 그들의 신비스런 집이 거기 어딘가에 있을 것만 같은 생각이 들었다. 소년은 그들과 함께 초원에 살고 싶었다.

지난 늦은 여름, 가족과 함께 남도(南道)의 여러 섬을 여행했다. 보길도의 고산(孤山) 윤선도 유적지를 탐방하고 나서 몇 개의 섬을 거쳐 거금도에 들렀었다. 처음 가본 곳이다.

한적한 해안 도로를 달리다 넓은 풀밭에 쉼터가 있어 차를 세웠다. 산자락 앞이라 바다가 잘 바라보였다. 시원한 바람이 좋아 풀밭을 걸었다. 풀 향기가 아련하게 유년시절의 기억을 떠올려 주었다.

어느새 나는 꼬마가 되어 여기 저기 풀밭을 살피기 시작했다. 얼마쯤 시간이 흘렀을까, ‘치르르’하고 귀에 익은 소리가 들려왔다. 느낌으로 풀무치 소리인 것을 알아차리고 근처를 살폈다. 풀밭이라 바로 찾을 수는 없었다.

이윽고 녹색 바탕에 갈색 무늬의 풀무치를 발견했다. 소년시절 서빙고 들판에서 쫒던 바로 그 풀무치다. 눈이 번쩍 뜨였다. '반갑다 친구야. 너를 여기서 다시 만나다니.' 더 가까이 가 보았다. 날씬한 몸매의 녀석은 영락없는 초원의 신사였다.

멀리서 "더운데 거기 서서 뭐해요?"하는 소리가 들려왔다. 풀밭 한가운데 꼼짝않고 서 있는 내 모습이 수상쩍었나 보다. '쉬-' 손가락으로 신호를 보내고 나서 그와의 해후(邂逅)를 더 즐겼다.

잠시 뒤 근처에서 다른 녀석이 푸르륵하고 날아갔다. 크기로 봐서 이번엔 풀무치 암컷인 것 같다. 내 앞에 있던 녀석도 날아갔다. 친구를 따라가는 것처럼 보였다. 나도 쫒아갔다. 근처에 있던 그의 친구들이 인기척에 놀라 날아갔다. 노란빛의 날개 짓이 아름다웠다. 참으로 오랜만에 그들의 환상적인 비행(飛行)을 보았다. 예나 지금이나 그들은 아름다운 초원의 유랑자(流浪者)였다.

내게는 그들에 대한 특별한 기억이 있다. 작은 풀무치가 '치르르'하며 예쁘고 귀엽게 내는 소리와 커다란 풀무치의 '팟툭툭툭'하고 마치 손바닥으로 허벅지를 가볍게 두드리는 것 같은 멋진 소리다. 그들이 한가로울 때 날면서 뒷다리와 겉 날개를 부비거나 부딪는 소리로 여겨진다. 어쩌면 이성 친구들에게 자기를 알리는 것이 아닐까하는 생각이 든다.

꼬마가 그들을 쫒을 때는 들리지 않았다. 긴장하지 않고 여유롭게 날아 갈 때만 이따금씩 들려주었다. 꼬마에게 그것은 아름다운 초원의 노래였다.

꼬마가 한 번은 콩밭에서 잡은 풀무치를 엄마에게 가지고 와서 자랑을 했다. 엄마는 그때 "콩밭쨀쨀이 잡느라 또 얼마나 콩밭을 망쳤니!"하고 걱정스러워 했다. 엄마의 걱정을 아랑곳하지 않고 "애 이름은 풀무치야" 꼬마는 잘 아는 척 하면서 으스댔다. "개네들이 콩밭에서 쨀쨀거리며 날아다닌다고 그렇게 부른단다." 꼬마는 엄마가 하는 말이 우습다고 깔깔댔다.

저녁 때 아버지에게도 자랑을 했다. 아버지는 "너 이놈 공부는 안 하고 '황퉁이' 쫓아 다니느라 얼굴이 새까맣게 탔구나!"하고 나무랬다. 낮에 엄마가 풀무치를 '콩밭쨀쨀이'라고해서 웃었는데 아버지는 그것을 황퉁이라고 한다.

꼬마는 황퉁이라는 이름이 무척 이상하게 들렸고 못마땅 했다. 친구들과 줄곧 풀무치로 통하면서 그렇게 부르는 것이 옳다고 생각했다.

풀무치는 메뚜기목 메뚜기과에 속하는 곤충이다. 풀무치와 아주 유사한 '콩중이'라는 것이 있고 그보다는 조금 작은 '팥중이'라고 하는 것도 있는데, 그들은 풀무치와 다른 개체들로 크기와 형태 무늬의 차이가 있으며 그 구분은 그리 어렵지 않다.

콩중이와 팥중이를 콩죽이 팥죽이라고도 하는데 콩중이가 팥중이보다 크고 잘 생겼다. 또 콩중이보다 풀무치가 더 대형이고 중후하다. 이들은 각각 몸 색깔이 녹색형과 갈색형 두 가지가 있다.

풀무치는 지방에 따라 다른 이름을 가지고 있다. 전남지방에서는 불무치, 경상도에서는 푸랭이, 이북에서는 콩밭칠칠이로 불리고 한자(漢字)로는 황충(蝗蟲)이라고 한단다.

어떤 사람은 이들 녹색 바탕의 개체를 모두 콩중이로 갈색형의 것들을 팥중이로 오인(誤認)하는데, 그들을 구분하지 않고 바탕색의 선입감만으로 구분하지 않고 편하게 싸잡아 부르는 것 같다. 그에 비해서 엄마의 '콩밭쨀쨀이'는 귀엽기도 하지만 그들에게 참 잘 어울린다는 생각이 든다. 사실 그들은 콩밭 근처에서 내 눈에 더 많이 띄였었다.

유년시절에 엄마에게 잘 아는 것처럼 으스대며 자랑하던 그 풀무치가 생김생김으로 보아 콩중이었다는 것을 한참 후에야 알았다. 그리고 못마땅했던 아버지의 '황퉁이'는 이제 그리운 이름으로 내 안에 자리하고 있다.

남도(南島)를 여행하면서 어린 시절 숨바꼭질하던 친구를 다시 만나 더없이 기뻤다. 근래에 드물게 보이기는 하지만 논에서 벼메뚜기가 사라진지 오래다. 풀무치도 그들의 서식처 환경 훼손으로 인해 사라졌을 것이라 여겼고, 그 멋쟁이들을 다시 볼 수 있으리라고는 생각지 못했다.

풀무치, 낭만이 있는 초원의 유랑자 그들은 나의 오랜 친구다. 진정한 꼬마의 꿈이 서려 있는, 초원에 그들이 살고 있다.

오래된 미래 외 1편

박 경 화

『오래된 미래: 라다크로부터 배운다(Ancient Futures : Learning from Ladakh)』는 스웨덴의 언어학자 헬레나 노르베리 호지(Helena Norberg Hodge)가 쓴, 인도의 북 쪽 끝자락 라다크에 관한 책이다. 그녀는 1975년부터 1991년까지 16년 동안 라다크에 거주하면서 리틀 티베트라 불리는 라다크의 전통, 척박한 대지, 그들의 삶, 불교생활의 양식과 샤먼 등을 들여다본다. 그들의 삶에 매료된 그녀는 인도의 라다크 개방에 따라 서구문화의 유입으로 변해가는 라다크를 보고 무분별한 개발이 아닌, 사회적, 환경적으로 지속가능한 개발을 위해 라다크를 위한 프로젝트들을 만든다.

문창용 감독의 '다시 태어나도 우리'라는 다큐멘터리 영화를 보았다. 감독은 중국의학 다큐를 찍기 위해, 해발고도 3500m에 위치한 라다크의 오지 마을 삭티에서 티베트 전통의술로 마을 사람들을 치료하는 의사(암치)이자 승려인 우르간이라는 노인을 만난다.

노인은 다섯 살 난 동자승을 데리고 암자에서 살고 있었는데, 바로 자신이 전생에 족첸 귤멧 나톤 왕보라는 티베트 고승이었음을 기억하는 어린아이, 파드마 앙뚜다. 이 다큐는 린포체(전생의 훌륭한 고승의 현신)로 태어난 아이 파드마 앙뚜와 그 아이에게 극존칭을 쓰며, 먹이고 입히고 교육 시키는 스승 우르간의 이야기다. 문창용 감독은 그렇게 어린 린포체가 자라는 과정을 8년 동안 기록하게 된다.

문창용의 책 『다시 태어나도 우리』를 보면, 린포체는 전생의 고승이 생을 마감한 후에 전생에 다 이루지 못한 업을 계속하기 위해 다시 태어나는 사람이라고 한다. 다섯 살 린포체, 파드마 앙뚜는 티베트의 캄에 있는 자신의 사원과 수많은 제자들, 그의 지도로 수행하던 비구니 50명까지 기억한다. 높은 곳에 있는 아름다운 사원과 호수를 정확하게 기억하는 앙뚜를 그의 전생을 아는 제자들이 찾아와서 티베트의 캄으로 모시고 가야 하는데, 아무 연락이 없다. 중국이 티베트를 점령하면서 많은 승려와 신자들을 학살하고 인도에서 티베트로 가는 길을 막아버려서 제자들이 린포체를 모시러 올 수가 없는지도 모른다. 그러자 스승 우르갼은 인도 동북부의 티베트 국경에 자리한, 린포체 교육을 전담하는 시킴의 사원에 가서 전생의 티베트를 기억하는 파드마 앙뚜의 사진을 보여주었고, 그 아이가 린포체임을 알아본 사원의 인정을 받아 앙뚜는 여섯 살에 라다크 사원에서 린포체로 즉위한다.

린포체로 인정받은 앙뚜가 다른 덕망 높은 린포체의 사원에서 같이 기거하며 교육을 받지만 한 사원에 린포체는 한 명만 있어야 한다는 원칙에 따라 사원에서 나오게 된다. 사원에서 쫓겨나 학교로 간 린포체는 늘 우수한 성적으로 학업에 열성을 보이고 우르갼 스님으로부터는 린포체로서의 교육을 받는다.

시간이 흐르면서, 여섯 살에 린포체로 즉위했을 때 마을에 린포체가 났다며 축복해주던 동네 사람들이 사원에서 쫓겨난 린포체를 거지 취급하며 사기꾼, 먼지 속의 린포체 등으로 부르면서 경멸하게 된다.

꿈에 캄 사원을 보곤 한다던 앙뚜는 나이가 조금씩 들면서 이제 티베트 캄의 기억이 점점 사라지고 있다며 힘들어한다. 옛날 우르갼의 제자이자 현재는 라다크 사원의 동자승 교육을 맡고 있는 스님의 배려로 다시 사원에 들어갔던 린포체 앙뚜가 동자승들과의 단체생활을 견디지 못하고 우르갼의 암자로 돌아온다.

동네 사람들의 멸시를 못 견뎌하는 앙뚜를 보다 못한 스승 우르갼은 린포체를 데리고 티베트의 캄 사원으로 떠날 결심을 한다. 설산을 넘어 티베트로 들어가거나 그것이 불가능하면 설산 꼭대기에서 캄 사원을 보기라도 하는 것이 그들의 목표였다. 그들은 티베트의 국경으로 가기 위해 길을 나선다. 라다크의 삭티 마을을 떠나 뉴델리까지는 비행기를 타고[5], 뉴델리부터는 석가모니께서 수행하신 후 처음으로 설법을 행하신 바라나시로 해서 때로는 배를 타고 때로는 트럭을 얻어 타며 대부분은 걸어서 티베트 국경의 히말라야 설산 위, 캄이 내려다보인다는 곳까지 가는 두 달 반의 여정이 시작된다. 린포체 앙뚜는 갠지스 강에서 시체를 태우는 사람들을 보며 스승 우르갼에게 갠지스 강에 재를 뿌리면 다시는 윤회의 고통을 겪지 않게 된다는 이야기를 듣는다.

영화에는 호텔에서 창밖으로 보이는 산 위의 집들이 밤에 켜 둔 전기 불을 본 앙뚜가 스승에게 삭티에서는 별이 하늘에 있는데, 인도에서는 산에 있다고 말하는 명장면도 나온다.

두 사람은 천신만고 끝에 설산에 오르지만 눈보라가 거세게 불어대는 꼭대기에 안개가 끼어 가까운 거리에 있을 캄 사원을 볼 수 없었다. 스승에게 엎어져서 우는 앙뚜에게 우르갼은 작은 소라 나팔을 주며 바로 아래 어딘가에 있을 사원의 제자들이 들을 수 있게 불어보라고 한다. 두 손을 모아 소라 나팔을 잡은 앙뚜는 온 힘을 다해

---

5) 영화에는 비행기를 타는 장면은 나오지 않지만 문감독이 쓴 책에 나온다.

깊고 낮은 소리를 낸다. 아이의 오른 쪽 긴 속 눈섭 위에 흰 눈 세 개가 내려앉는다. 문창용 감독의 카메라가 따라가면서 잡은 스승 우르갼과 제자 린포체 앙뚜를 보며 내리 다섯 번을 같이 울고 같이 웃으면서, 아니 나는 아이가 웃을 때도 울면서 이틀을 보냈다. 처음 영화를 보고 와서 현관문을 열었을 때, 현관 양쪽 선반에 가득 찬 신발들이 미안했다.

『오래된 미래: 라다크로부터 배운다』에서 저자는 라다크의 15%나 되는 영아 사망률에 대해 그들이 죽음을 끝이라 생각하지 않는다는 식의 설명을 하는데 이와 같이 몇 가지 동의할 수 없는 부분이 있지만, 그녀의 자연생태환경이나 지속 가능한 발전에 관련된 라다크를 위한 프로젝트들과 함께 그곳 사람들이 행복했으면 좋겠다는 생각을 해본다. 달라이 라마는 추천사에서 "전통 농경사회가 아무리 매력 있게 보이더라도 그곳에 사는 사람들이 현대화된 개발의 혜택을 누릴 기회에서 배제되어서는 안 된다."고 말한다. 달라이 라마의 말처럼, 척박한 환경과 원초적인 절대가난을 그대로 놓아두어야 생태환경을 지킬 수 있다고 하는 말에는 동의할 수 없는 면이 있다. 그들에게도 조금은 더 편한 삶이 허락되어야 하지 않을까? 그런 의미에서 그녀가 라다크에서 수행하고 있는 많은 아름다운 프로젝트들이 그들의 삶을 좀 더 인간적으로 편안하게 하는 데도 도움이 되기를 희망한다. 그러나 반대로, 선진국들의 경우에는 그녀의 프로젝트를 지구의 생태환경을 보존하기 위하여 성장률을 낮추어 조정하는데 활용해야 한다는 생각이다.

＊ 사족 : 문창용의 8년간의 다큐에서 앙뚜가 식사하는 장면이 몇 번 나오는데, 다 라면을 먹었다. 사원에서 쫓겨난 후, 스승 우르간에게 학교가 닫혔으면 어쩌나 걱정하며 가방에 물을 넣어달라고 할 때 라면을 먹었고, 가족들이 있는 집에 가서 라면이 몸에 나쁘다고 잘난 척을 할 때도 라면을 먹었으며, 스승님이 앙뚜를 위해 긴 여행을 준비하는 과정에 마을의 환자를 치료하기 위해 한 주일 암자를 비울 때 아이 혼자 또 라면을 먹었다. 그보다는 그들의 주식인 보리빵을 먹는 장면이 있었으면 좋을 걸 그랬다는 생각이 든다.

세상의 모든 성당

친구가 뉴욕의 성 패트릭 성당에서 켠 촛불 사진과 함께 톡을 보냈다. 떠나기 전에 잘 다녀오라고 보낸 내 톡을 이제야 본 모양이다.

몇 년 전, 갑상선 암 수술을 받았을 때, 회복실에서 정신은 들었는데 숨이 돌아오지 않아 병실로 올라갈 때까지 지옥을 들락거렸다. 그러다 살아났다. 가끔, 숨이 늦지 않게 돌아와서 살 수 있었던 게, 바로 그 시각에 친구가 나를 위해 촛불을 켜서일 거라고 생각할 때가 있다. 그 성당이 바로 뉴욕의 성 패트릭 성당이다.

떠나는 날짜 기억하고 톡 보냈구나. 고마워~

모레면 돌아가는데, 어제 보스턴에서 뉴욕 왔다. 오늘 5th avenue 걷는데 성 패트릭 성당이 보였어. 몇 년 전, 네가 갑상선 수술한다고 연락했을 때, 여기서 촛불 켜고 기도했던 생각나서 네 건강 기원하는 촛불 다시 밝혔다. 실은, 네가 걱정할 때마다 난 칠순 나이에 흔히 있는 정도의 일반적인 병세(?)라고만 생각한다. 즐겁게 잘 지내자~

친구에게 막내 동생의 딸, 영은이도 바로 그곳, 성 패트릭 성당에서 기도했다고 한 얘기를 해주었다. 친구가 보낸 사진 속 성당 내부와 촛불, 조금 이른 듯한 대형 크리스마스트리와 스테인드글라스가 참 아름다웠다. 나는 스페인에서 '검은 성모상'이 있는 몬세랏

(Monserrat) 수도원에 같이 갔을 때, 각자의 기도를 담아 촛불 하나씩을 켰던 생각이 난다고 했다.

스페인을 다녀와서 이제 패키지여행은 안 하겠다던 친구가 지난달에 아르메니아, 조지아 여행을 다녀왔다. 조지아의 성삼위일체 성당이 내가 인상 깊어 했던 몬세랏 수도원의 성당과 비슷한 분위기여서, 나를 위한 촛불 하날 켰다고 했다. 같이 간 친구에게, 내가 좀 지나치게 건강 걱정을 한다고 말했다며 '미안' 이라고 덧붙였다. 친구의 친구는 남편과 아들이 의사인데, 아프다고 해도 별로 귀담아 듣지 않아서 자기가 알아서 약을 사먹는다고 했다.

나는 조금만 아프면 일단 남편부터 들볶고 보는데, 그러다 병원에 갈 때쯤이면 어디가 얼마나 아팠었는지 잘 모를 때도 있다. 그러나 그런 사건의 대부분은 죽도록 아팠던 게 사실이기도 하고.

가끔 슬픔에 빠지면 오래 간다. 그러다 결국에는 진짜 병이 된다. 촛대 뼈에 바람이 지나다니는 것처럼 소름이 돋다가 온몸이 아프다. 위경련이 나서 뒹굴고, 관절이 마디마디 부어올라 손가락을 쓸 수가 없다. 그러다 병원에 가고 만다. 슬픔도 집착인 줄 알면서 그럼에도 안고 있는 것이, 자책감에 더 아파야 한다고 나 자신에게 벌을 주고 있는 건지도 모른다. 어머니도, 동생도 이제 놓아야 하는데, 그만 보내야 하는데 그게 잘 안 된다.

연구년을 보내고 있는 딸에게 가기 전, 친구는 우리 몇이서 같이 <소마 미술관>의 '누드 전'을 보러 가려고 시간을 맞추고 있었다. 그런데 떠나기 전에 65세 제자와 다녀왔다며, 지금 쯤 올림픽 공원 주변도 가을이 한창일거라고, 가을 가기 전에 전시회에 다녀오라고 한다.

친구는 조지아의 성당에서 나를 위해 촛불을 밝혀주었던 이야기를 이제야 했지만, 나는 '세상의 모든 성당'에서 친구가 나를 위해 켜 준 촛불이 어쩌면 앞으로 사는 동안 나를 견디게 해줄 거라고 말해 줄 생각이다. 더는, 아플 때마다 슬플 때마다 그랬던 것처럼 애꿎은 남편을 잡을 일도 없었으면 좋겠다는 생각도 해본다. 그리고 12월이 되기 전에 '테이트 명작전'에 다녀오는 것도 괜찮겠다 싶다. 황홀한 대리석의 <키스>도 만나고.

가을앓이

딱 이맘 때, 더위가 가시고 기온이 서늘해지면 짧은 소매 아래로 양팔에 두드러기가 났다. 내 기억으로 대여섯 살도 되기 전부터였던 것 같은데, 날이 조금만 쌀쌀하거나 궂으면 두드러기가 나서 가려운 대로 긁어 피가 나면 엉엉 울곤 했다. 저녁이 좀 지나 밤이 되면 배가 아팠다. 아파서 뒹굴다 아버지가 한참 동안 업어주셔야 잠이 들었다. 여름에도 장마 때는 두드러기가 나곤 했는데, 저녁이면 시계처럼 들어오시던 아버지께서 저녁을 드시고 잠시 쉬실 때 쯤, 아마도 한 아홉 시 쯤이 되면 어김없이 배가 아팠다. 그럴 때면 아버지께서, 누웠다 앉았다 난리치며 뒹구는 나를 업고, 두어 시간을 왔다 갔다 하셔야 잠이 들었다. 꼭 아버지가 업어주셔야 잤다. 어머니 경대 위에 놓인 램프 불에 비친 키 큰 아버지 그림자가 벽에 가득 찼다 스러졌다 어지러울 때 쯤 거짓말처럼 배앓이가 씻은 듯이 낫고, 나는 아침까지 편한 잠을 잘 수 있었던 것 같다. 중학생이 된 후에도 가을이 올 때쯤이면 징그러운 두드러기와 배앓이가 계속 되었다.

중학교에 들어갔을 때도 여름 방학이 끝나고 아침저녁으로 훽 하고 한 번씩 찬바람이 불면 여름 교복 소매 아래로 두드러기가 났다. 아직 여름인데도 나만 긴 소매 춘추복을 입고 학교에 갔다. 그때까지도 아버지 등에 업혀야 잘 수 있었는지는 기억나지 않지만 중학교 2학년이 되면서 키가 훌쩍 자라기 전까지만 해도 나는 교단 바로 앞에 앉는 키 작은 약골이었다. 아버지 출근시간에 맞춰 일찍 학교에 갔는데, 철길을 건너실 때는 늘 나를 안고 넘어 가셨다.

초등학교에 들어가기 전부터 내가 하던 일이 하나 있었다. 바로 램프유리를 닦는 일이었다. 아버지께서 늘 긴 나무젓가락 같은 것에 '지리가미(휴지)'를 돌돌 감아서 볼록한 램프유리의 안쪽에 까맣게 그을린 그을음을 닦으시곤 했는데, 유리의 윗부분은 트인 동그라미가 작았지만, 아래 쪽 심지 둘레의 홈에 놓이는 부분은 조금 커서 내 손이 들어갔다. 아버지께서 유리를 붙들어주시면 내가 손에 지리가미를 쥐고 유리 속에 손을 오무려서 넣은 다음, 램프유리의 가운데 둥근 부분의 안쪽에 묻은 그을음을 살살 닦아내는 것이 아버지와 내가 같이 하는 공동 작업이었다. 아버지는 가끔 유리를 비눗물에 씻기도 하셨는데 미끄러워서 조심해야 한다고 하셨다.

어느 날 아버지가 안 계신 낮 동안에 램프유리를 벗겨서 아버지께서 잡아주시면 내가 했던 것처럼, 한손으로 유리를 잡고, 램프유리 속에 손을 넣어 지리가미를 쥐고 살살 그을음을 닦아서 조심조심 다시 램프에 올려놓았다. 저녁에 퇴근하신 아버지께서 저녁을 드신 다음 알아보시나 조마조마 기다리는 나를 부르셨다. 오늘 착한 일을 했지만, 유리를 닦다가 깨면 다친다며 다시는 혼자 있을 때 닦으면 안 된다고 하셨다.

그 후로 나는 램프유리를 닦은 기억도, 밤에 배가 아파서 아버지 등에 업혔던 기억도 없다. 키 큰 아버지의 넓은 등이 배가 아플 때마다 내 차지였을 때는 여나므살 인생이 참 편안하고 쉬웠던 것 같다. 아직 9월이 반도 안 지났는데 가을비가 추적추적 종일 내린다. 이제 나는 날이 궂거나 기온이 갑자기 내려가도 두드러기가 나지 않는다.

환절기만 되면 되풀이되던, 도무지 이유를 알 수 없던 배앓이도 하지 않은지 오래다. 지금은 호랑이 아버지의 넓은 등이 필요하지 않지만, 그래도 오늘 가을비 내리는 소리에 어린 내가 잠들 때까지 업어주시던 키 큰 아버지의, 세상에서 가장 편안하던 넓은 등이 기억나서 참 다행이다.

문득 그 젊은이가 외 2편

이 숙 자

요즘 청년 실업률이 11%를 육박한다고 한다. 네 집 일, 내 집 일이 아닌 우리 모두의 일이고 나라의 장래가 암울한 걱정거리다. 사람이 해야 할 일을 편리한 기계로 대체하다 보니 일손이 남아도는 것일까? 일거리야 왜 없을까마는, 농사일과 같은 힘든 노동은 젊은이들이 가장 꺼리는 일 중의 하나이고 소위 3D 업종과 같은 육체노동은 비전이 없다 보니 모두가 외면하게 되는 것이다. 농업과 같은 뒤쳐진 업종은 품삯은 고가이고 이에 비해 수입이 적을 뿐 아니라, 비싼 농기계와 농약 등 제반 비용을 제하고 나면 수지는 제로에 가깝고 이웃나라에서 들어오는 값싼 수입 농산물로 인해 판로조차 용이치 않으니 젊은이들이 모두 외면하는 업종이 되고 말았다.

육체노동이 아닌 부가가치가 높은 업종에만 매달리다 보니 실업률은 늘고 중소기업이나 농촌의 일손은 딸리는 기현상이 일어나는 것이다. 그러므로 도시로만 몰려들게 되고, 젊은이들에게는 2세 교육도 중요한 과제이기 때문에 도시에 편중된 교육시설도 또한 문제인 것 같다. 정신노동자들이 대접 받는 시대로 접어들면서 부모들은 무모하리만큼 자신의 모든 것을 희생하면서 도시로, 서울로, 혹은 국외로, 자녀들의 교육에 전념해왔다. 그럼에도 그 고급 일자리가 빛을 잃어가고 있다. 선거 때마다 질 높은 공약 덕분에 노인들은 편하고 즐거운 나날을 보낼 수 있어, 두고 떠나기 아까운 세상이 되었지만, 눈덩이처럼 불어나는 빚을 감당해야할 젊은이들의 일자리가 해가 갈수록 줄어든다고 하니 누리는 기쁨에 버금가는 고뇌에 잠기는 것은 그들의 짐으로 남기 때문이다.

2년 전 일이다. 얼마 쓰지도 않은 비데가 고장이 나, 서비스 센터에 신고를 했더니 직원이 출장을 나왔다. 곱상하게 생긴 젊은이가 꽤 믿음직해 보였다. 비데를 이리저리 둘러보더니 이거 돈 좀 들어가겠는데요. 엄포(?)를 놓는다. 나의 표정을 읽으려는 사전 포석이 아니었나 싶다. 회사도 비중 있는 회사이고 젊은이도 믿음직 해 보여 의심의 여지가 없었고 무엇이든 믿고 맡기는 성격이기에 잘 해달라고 부탁을 하고 그의 작업 광경을 지켜보고 있었다. 노즐이 고장이 났는데 뒤의 몸체까지 뜯어야 한다며 거의 다 분해를 하고 있었다.

노즐이 깊숙이 박혀 있나 보다. 내심 은근히 걱정이 되어, 비용이 많이 들겠죠? 싸게 좀 해주세요. 거의 기계치에 가깝다 보니 노즐이 어디에 붙어있는 부품인지 조차 모르는 상태에서, 맘 좋게 생긴 젊은이에게 어린아이처럼 응석 삼아 조르는 수밖에…….

한참 핸드폰을 두드리더니 고개를 좌우로 갸웃 갸웃 그럴듯한 연기를 했다. 얼마를 부를까? 최소한의 비용만 받을 듯이 두뇌를 굴리고 있었다. 노즐이 비싸요. 70,000원 하는 건데 58,000원만 주세요. 나의 애원이 가여워서 선심을 쓰겠다는 표정이다. 선심 쓰시는 김에 8,000원 떼어버리고 50,000원에 해주세요. 또 다시 핸드폰을 톡톡톡 친 후에 신중자세로 머리를 좌우로 갸웃거린다. 그러기를 서너 번 반복하더니, 그 가격이 맥시멈입니다. 더 이하는 안 되겠는데요. 해 달라 거니 안 되겠다느니 오고 가는 말이 시끄러웠나 보다. 아들이 방 안에서 살며시 문을 열고 나온다.

무슨 일이예요? 비데가 고장이 나서 고치려고 하는데 가격이 많이 비싸다는구나. 얼만데요? 58,000원이란다. 노즐이 고장났대. 예? 노즐이 58,000원이라뇨? 작업에 열중인 기사를 뚫어져라 쏘아본다. 아저씨! 노즐이 어디 붙어 있죠? 몸체는 왜 뜯어놨죠? 기사가 얼굴이 파래지며 몸 둘 바를 몰라 한다. 얼른 원상복구하고 손 떼고 가세요. 소비자센터에 가서 부품을 사다가 내가 수리할 거요. 실은 노즐이란 부품이 맨 끝 부분에 있었다. 아들의 화가 충천한 이유였다. 58,000원을 받아내기 위해서는 공사를 좀 크게 벌리려고 몸체까지 해부를 한 것이다. 아무것도 모른다 해서 나이 많은 어른에게 바가지요금을 씌우다니! 모르는 길도 인도를 해야 할 젊은 사람이……, 아주 많이 괘씸했나 보다. 주섬주섬 나사와 노즐을 끼워 넣고 출장비만은 달라고 했다.

출장비는 무슨? 한사코 말리는 아들의 손을 뿌리치고 출장비를 들려주니 줄행랑을 친다. 가고 나서 살펴보니 새 노즐이 끼어 있었다. 58,000원이라던 노즐을 한 푼도 받지 못한 그 속이 오죽이나 쓰렸으리. 미더운 아들이 있어 금전 손실을 막았다는 기쁨은 차치하고, 손쉽게 50000원 정도를 벌어보려던 그 젊은이의 뒤통수를 바라보는 내 마음에 측은지심이 일었다. 한참 아래 동생 같은 사람에게 호된 질타를 당하고 도망치듯 나가는 그의 뒷모습이 왜 그리 가여워 보이던지? 혹여 노부모님을 모시는 처지는 아닐까? 아픈 아이가 있는 것은 아닌가? 여하튼 말 못할 사정으로 생활비가 턱없이 부족해서였을까? 많지도 않은 돈에 왜 군침이 돌았을까? 그 젊은이가 돌아가고 난 후 아들에게 일렀다. 쥐를 내 몰아도 퇴로를 두고 몰아야 발등을 물리지 않는 법이란다. 잘못은 그에게 있을지라도 인내할만한 한계 내에서 몰아붙여야 후환이 없지! 사소한 일에 승부를 거는 졸장부는 되지 말아야 한다. 누누이 타이르니 분을 좀 삭이는 것 같았다. 나무라는 속마음은 그래도 든든했다. 아들과 같은 젊은이들이 있기에 세상은 좀 더 투명해질 수 있기 때문이다.

소비자센터에서 전화가 왔다. 기사님의 서비스는 어땠습니까? 예 매우 친절하게 서비스 잘 받았습니다. 차마 어제의 일을 그대로 전달할 수는 없었다. 나의 선의의 거짓말 한 마디가 그의 직업에 동아줄이 된다면 실업자 한 사람 구제하는 결과가 되는 셈이니 마음 편한 일 아닌가? 아들이 곁에 있었다면 어림도 없는 일이었다. 그로부터 2년이 흐른 오늘, 문득 그 젊은이의 근황이 궁금하다. 그 지간 또 어느 댁에 가서 같은 실수는 없었는지? 11%의 실업률에 그도 포함된 것은 아닌지? 젊은이의 안위가 자못 궁금하다.

체험

맑은 날 같으면 해가 뉘엿이 지고 어스름 땅거미가 살포시 드리울 즈음이다. 사방에 운해가 끼어 어둠이 빨리 내려앉은 저녁 시간 그곳(봉정암)에 도착하니 왁자지껄 분주히 오가며 손에는 커다란 국 대접과 수저 하나씩을 들고 돌계단이나 추녀 밑 어디든 국그릇을 놓을 수 있는 자리를 만나면 반색을 하고 쪼그리고 앉거나 혹은 선채로 미역국에 밥 한 주걱 얹어 단무지 서너 쪽으로 장식한 소박하나 꿀맛 같은 저녁 식사를 하는 장면이다. 30계단쯤 돌계단을 올라가 아래를 내려다보니 언뜻 피난시절이 떠오른다. 맷돌 같은 돌 위에 국대접을 함께 올려놓고 식사를 하던 일행에게 물었다. 6.25동란과 1.4후퇴 때의 피난생활을 상상해본 적이 있느냐고 물으니 교과서에서 배운 대로 알고 있을 뿐, 그 이상 알지 못한다고 말한다.

그때와는 사정이 상당히 양호하지만 지금의 이 광경은 어렴풋이 그때가 연상된다고 하니 깜짝 놀란다. 피난? 정말 겪으셨어요? 까마득한 옛이야기로만 알고 있던 전쟁과 피난이란 말에 귀를 쫑긋 세운다. 마치 신비한 옛 기인을 만난 느낌인가 보다. 쳐다보는 눈빛에 의구심이 역력하다. 전쟁을 치러낸 아우라를 엿볼 수 없다는 듯 고개를 갸웃거린다. 깊고 험악한 흔적을 찾을 수 없는 인상이었나 보다. 고3 수험생을 둔 젊은 엄마들이다. 그들의 어머니도 전쟁을 모르는 세대이니 까마득할 일이다. 이 밥에 따끈한 미역국까지는 상상할 수 없지만 잠자리를 배정 받고 허기를 채우려는 질서 없는 몸부림은 아우성으로 비쳐진다. 불과 한 달여를 남겨놓은 수능시험일과 설악산 또 하나의 절경으로 꼽히는 단풍이 최적기라서 등산 애호가는 물론이고 풍류를 즐기려는 사람들로 봉정암은 입추의 여지없이 인산을 이루고 추녀 밑이나 비를 피할 수 있는 곳이면 어디든 침낭 부대도 한몫 톡톡히 한다. 금요일에 1,500명 오늘 토요일에는 그 배는 되리라는 추산이다. 새로 건립한 법당안도 앉을 자리가 없어 복도와 마당까지 모두 기도하는 신자들로 가득하다. 서리 내리는 한밤중에도 사리탑 앞에는 자리를 뜰 줄 모르는 신도들로 넘쳐났다. 자녀들은 입시전쟁 엄마들은 기도 전쟁을 치러야만 하는 현실이다.

게다가 북쪽에서는 연일 전쟁놀이 연습으로 화포를 쏘아 올리며 태평양과 서울, 도쿄를 불바다로 만들겠다고 엄포를 쏟아낸다. 이 나라에서 전쟁이란 단어가 사라질 날은 과연 언제가 되려는지? 요즘 세계의 이목이 북한과 미국에 집중하고 있음은 주지의 사실이다. 하루가 다르게 독설의 수위를 높여가고 다양한 옵션을 드러내고 있다. 70대의 노련한 사업가와 30대의 패기 어린 애송이와의 기 싸움으로 일촉즉발의 불꽃이 어디로 튈지 심히 가늠하기 어려운 상황의 연속이다. 애송이의 독설을 듣고 있는 노 사업가는 자존감을 억제하지 못해 다방면으로 압박카드를 구사하고 있으나 젊은이의 뚝심을 쉽게 꺾을 수 없나 보다. "폭풍 전야"란 고도의 전술적 언어를 구사하며 불안을 야기하더니 전쟁놀이 마당을 제공 할 수 없다는 우리 정부에 FTA폐기 운운 하며 경제적인 압박으로 몰아가는 저의는 이해할 수 없는 동맹국 처신이다. 유화론 주장으로 엇박자를 낸 우리 정부가 그다지 곱상하게 보였을 리 없지만 믿었던 도끼에 발등이나 찍히지 않을는지 심히 불안하다. 신나는 구경거리로 불꽃전쟁놀이를 한바탕 할

터이니 마당이나 제공하고 뒷설거지나 부탁한다는 심산인 듯하다. 전쟁놀이의 설거지, 그 참혹한 상처는 1세기가 지나도 다 아물지 못할 것이다. 전쟁이란 심지에 점화만은 하지 말기를 빌고 바랄 뿐이다. '선군 정치'란 슬로건 아래 광기 어린 애송이의 뱃심으로 6.25동란의 상흔이 채 아물지도 않은 오늘에 또 전쟁이란 소용돌이에 휘말린다면 곱게만 자라온 우리의 후세들이 이 나라를 제대로 지켜낼지 걱정이 앞서는 것은 나만의 기우일까?

밤 한 시쯤 기도를 마치고 눈을 좀 붙여야 하산을 하겠기에 배정받은 방으로 들어가 보았다. 해발 1,440m를 올라왔으니 모두들 극도로 피곤한 몸을 좁은 공간에 맡기고 깊은 잠에 빠져 있었다. 비집고 들어갈 공간을 찾을 수 없어 우두커니 앉아 있어야 했다. 앉아 있자니 저절로 눈이 감기고 옆구리에 무엇인가 닿는 느낌이 오더니 스르르 수렁으로 빠져들 듯 몸 가눔이 어려웠다. 두 뼘도 안 되는 너비이므로 바로 누우면 옆구리가 포개질 정도의 열악한 밀도였으니 등을 붙이고 누울 수 있는 것만으로도 감사하고 행복한 순간이다. 약4~5평 정도의 방에 50여명을 배정했으므로 철야기도를 하는 신도가 없었으면 짐도 풀지 못할 공간이었다. 누구 하나 불평을 하거나 불만을 표시하는 사람이 전혀 없다. 밤중에 다시 산을 내려가지 않게 된 것만 고맙고 감사할 뿐이다.

1.4후퇴 당시 가마니 창고에서 유숙하던 때가 상기되었다. 지금과 같은 방한복이나 변변한 내의류도 없던 시절 식량 꾸러미와 이불꾸러미를 이고지고 정처 없는 피난길을 나섰을 때 칼바람을 막아주던 가마니 창고는 우리 집 안방보다도 아늑하고 포근했던 추억이 뭉게구름처럼 아련히 피어오른다.

"오늘 같은 날 아이도 함께 왔더라면 기도의 효능이 천 배 만 배 불어날 것이다."

주지스님의 말씀이다. 봉정암을 지켜 온지 18년째인데 참배 온 신도 수가 최고로 많은 날이라 했다. 우리엄마가 기도를 가서 무엇을 하는지, 배낭 메고 관광버스 타고 놀이삼아 촛불이나 켜고 오겠지. 안일한 생각에 묶여있는 수험생에게 전환의 기회로 전쟁터 같은 현실을 보여 주라 한다. 수능을 한 달여 앞둔 시점이니 금쪽같은 시간을 할애하라는 것은 가혹한 요구일지 모르나 이곳에 오는 시간의 무게가 한 냥이라면, 열 냥 스무 냥 지고갈 수 없을 만큼 많은 것을 얻어갈 것이란다. 체험은 돈으로도 살 수 없는 소중한 자산으로 삶을 살아가는 든든한 지팡이가 될 터이므로…….

북한 철없는 애송이의 불바다 개론을 귓전으로 흘려버리고 말 것인지, 전쟁터나 다름없는 이곳을 한번쯤 연습장으로 활용해 봄이 어떨지? '유비무환'이란 말은 요즘 같은 때를 대비한 말일 게다. 책과의 전쟁에서 하루쯤 일탈의 기회를 주어 가을의 신선한 공기로 힐링도 하고 또 다른 전쟁놀이에 대비하는 체험의 시간을 갖도록 한다면 일거양득이 되지 않을까?

향기 잃은 장미

요즘 나라 걱정하는 목소리의 주인공들이 TV 채널을 거의 잠식하고 있다. 여기를 돌려도 그 얼굴 저기를 돌려도 그 얼굴 그 목소리 그 틈새를 비집고 나타나는 또 하나의 반갑지 않은 모습, 연일 시청자의 간담을 서늘하게 하는 엽기의 주인공들이 어김없이 등장한다. 마스크와 모자로 얼굴 전면을 가리고 옛날 구식 혼례 때 대례청에서 쓰던 손 덮개로 인면수심을 포장한 채 몰려드는 사진기자들의 질문 공세를 따돌리느라 진땀 빼는 모습은 몇 달을 두고 시청자들을 경악케 하는 장면이다.

얼마 전까지는 치정에 의한 살인 사건이 대부분을 차지했으나 최근에는 장막에 가려있던 가정 내의 자녀 유기사건이 밖으로 드러나고 있다. 학교나 유치원에 등교 또는 등원 하지 않는 아이들의 전수조사에서 밝혀진 사건들이다. 사건 대부분이 미혼모이거나 이혼과 재혼의 소용돌이에서 빚어지는 참극이 수면 위로 떠오르는 것이다. 간통죄에 면죄부를 주고 '사랑은 죄가 되지 않는다'라는 법의 명시 때문에 일어나는 부작용은 아닐까? 자녀 방기에 대한 면죄부까지 준 것은 아닐진대, 뜨겁게 사랑하여 태어난 고귀한 생명을 그 사랑이 식었다 하여 끓는 국 냄비에 부유물 정도로 가볍게 치부하는 설익은 군상들, 냄비를 불 위에 올리기 전에, 먼저 준비해야 할 과정을 철저히 숙지하지 않으면 커다란 재앙으로 변질될 수 있다는 것을, 어떤 교육기관에서도 가르친다는 기사를 본 적이 없다. 가정교육을 제대로 받지 못한 결손가정의 아이들이 조기에 성년이 되고 준비되지 않은 채 부모가 되어 책임의식의 미숙과 사랑의 결핍이 불러온 비극이 사회적으로 커다란 파장을 일으키고 있는 것이다.

우리 사회가 조금만 더 관심을 기울이고 그들에게 적절한 교육이 있었더라면, 어린 아이들의 참혹한 희생도 나이 어린 부모들의 비참한 종말도 막을 수 있지 않았을까? 가장 숭고하고 샘물 같은 참사랑이 넘쳐흘러야 할 신성한 가정이 상상조차도 끔찍한 엽기의 온상으로 변질되어 가다니! 이는 곧 혈의 계보를 경시해온 탓이 아닐런지? 생물학적 성의 유희만을 추구하는 청소년들에게 부모로서 갖춰야 할 최소한의 상식만이라도 체계적인 교육이 필요한 시점이 아닌가 한다. 수 천 년을 이어온 가정이란 울타리, 존폐의 담론을 수면위로 끌어올릴 선구자적 역할을 담당할 인재의 출현을 고대하는 작금의 세태이다. 지금은 그의 이름이 기억에는 없으나 20여 년 전 어느 철학자의 저서에 의하면 사랑을 즐기는 사람은 열심히 사랑하고 아이를 생산해서 그 아이들은 국가가 책임을 지고 성장시키는 제도를 도입해야 한다는 학설을 주장한 사람이 있었다. 상당히 선진적인 사고를 가진 사람이 아닌가 한다. 나라를 짊어질 동력의 부족, 종족보존의 위기를 극복하는 해법이 아닐까? 한번쯤 생각을 돌이키게 한다.

섬진강 매화꽃 소식이 차츰 북상하여 개나리 진달래가 하루가 다르게 들과 산을 봄의 색깔로 물들여 간다. 4월 중순이면 벚꽃에 이어 배꽃 복숭아꽃이 다투어 상춘객을 불러 모을 것이다. 겨우내 못 볼 일들을 보아온 탓에 얼음처럼 굳어진 마음에도 춘풍이 일려나? 이어서 담장의 넝쿨장미도 정열의 꽃송이를 소담하게 피워 뭇 시선을 불러 모으겠지?

언제부터인가 장미의 꽃말을 '사랑'이라 했다. 사랑을 고백할 땐 빨간 장미꽃다발을 안기는 것이 관례가 되어 왔다. 장미꽃이 사랑의 증표가 된 것은 미루어 짐작하건대 '혈의 색과 같아서 일 것이다.' '혈'그것은 인류 진화의 뿌리임에 두말할 나위 없는 사실이다. "피는 물보다 진하다"는 속담이 있다. 그러나 작금에 벌어지는 행태로 볼 때 "피는 물보다 탁하다"는 말이 옳을 것 같다. 자신의 혈 꽃을 싹둑 싹둑 잘라서 흙 속에 매장하는 일을 서슴없이 행하는 사회, 대체 이 사회가 어느만큼 추락해야 이런 끔찍한 일들이 멈출 수가 있을까? 이 혈의 계보를 우리 조상들은 절대로 중시해왔다. 조혼을 했던 농경사회에서는 고조, 증조, 조부모는 물론 아들 손주가 한 울타리에서 지극한 정성으로 조상을 섬겼으며 또 자애로운 조상의 각별한 사랑이 흘러 넘쳤다. 해야 될 일과 해서는 안 될 일을 생활 속에서 은연중 깨닫게 되는 것이다. 특히 밥상머리의 도란도란 곁들이는 대화는 아이들에게 보약이 될 반찬이었다. 별도의 교육이 없어도 오늘날처럼 거리낌 없이 자신의 분신을 도려내는 경악할 일은 저지르지 않았다. 언제부터 혈맥의 경시 풍조가 일어난 것일까?

돌이켜보면 외세의 격변으로 서양문물을 받아들임과 동시에 서양의 자유주의 풍조가 밀물 듯이 들어와 많은 인내와 절제를 요구했던 충효사상의 굴레를 벗어나고자 하는 몸부림은 거세어갔다. 농경사회가 산업 사회로 전환되면서 목숨보다 중시되었던 우리의 혈맥에 동맥경화가 일어난 것이라 하겠다. 수작업이 기계화되면서 빠르게 변모해 가는 사회에 적응하려다보니 노인 공경과 같은 비 생산적인 노동이 효율적이지 못하다는 결론에 이른 것이다. 혈맥의 위력은 점차 빛을 잃어 갔다. 금권 만능주의가 도래한 것이다. 노동과 시간은 곧 돈이라는 계산이 따른다. 과학이 가져다주는 무한한 힘의 혜택을 누릴 수 있고 인간사회 어느 곳이나 금권의 위력은 실로 대단한 것이어서 노동력을 효율적인 곳으로 눈을 돌린 것이다. 장미, 이글거리는 태양 아래서 정열을 불태우며 피는 꽃, 꽃잎에 가려진 공포스러운 가시가 오늘의 엽기를 부려온 것일까? 이 꽃이 과연 혈의 꽃? 향기 사라진 지 오래인 사랑의 장미가 던져준 이사회의 파열음은 그 진동이 너무도 크다.

두르지 않은 목도리 외 2편

임 성 규

오래 묵은 서가를 정리하다 툭, 하고 포장물 하나가 떨어졌다. 한 통의 편지, 예쁜 글씨로 쓰인 조그마한 크리스마스카드, 그리고 한 번도 두르지 않은 오래된 목도리였다. 카드에는 "후원자님, 감사한 마음입니다. 그 빚 다 갚을 수는 없지만, 제 마음 이해해 주시고 목도리 함께 동봉해 드리오니 싸늘해지는 겨울에 감기 조심하십시오. 언젠가는 뵐 수 있으리라 믿습니다. 1996년 12월 Y올림"이라 쓰여 있었다. 한국복지재단 전남지부 나주종합사회복지관 관할의 소녀가장 Y양이 보내온 것이었다. 편지와 카드, 한 번도 두르지 않은 그 목도리를 펼쳐놓고 애틋한 마음으로 상념에 잠겨본다.

1962년 중학교 1학년 때 초등학교 3학년 여동생과 둘이 부엌이라고는 아궁이만 있는 골방을 무료로 얻어 2년간 산 적이 있었다. 몇 달 전에 어머니가 뇌출혈로 갑자기 돌아가시고 일정한 거처 없이 떠돌아다니던 아버지마저 가까이 계시지 않으니, 12살, 8살 두 남매 살 곳이 없었다. 시어머니, 시누이와 같이 사는 넉넉지도 못한 시집간 누님 집에서 잠시 기거하였으나 눈치가 보여 더 있을 수가 없었기에, 누님 집에서 걸어서 10분 정도 떨어진 같은 동네 이웃집 골방에서 두 남매만 같이 살기로 했다. 쌀과 땔감은 아버지께서 간간이 보내주시는 것으로 해결했고, 누님께서 주기로 만들어 주는 것들과 김치, 장아찌, 새우젓 같은 밑반찬으로 살았다. 쌀통에 쌀이 넉넉하게 보이려고 동생에게 쑥을 뜯어오라 하여 밥 대신 쑥 죽을 쑤어 몰래 먹기도 했다. 겨울에는 아궁이에 군불을 많이 넣어야 하는데 땔감을 아낀다고 초저녁에 조금 넣은 불이기에 새벽에는 방이 많이 식어 둘이서 이불을 덮어쓰고 잤었다. 어린 마음이지만 부모님 없이 어린 아이 둘이서 사는 것이 남 보기에 창피했고 이웃들에게 자주 신세지는 것이 싫어서 항상 명랑한 척 했고 학교에서는 죽을 각오로 공부만 했다.

그 해 살림난 첫 겨울밤 새벽녘에 방 윗목에서 찍찍거리는 쥐 소리가 났다. 내년에 쓸 종자 씨앗과 집주인이 잘 안 쓰는 물건을 윗목에 잔뜩 쌓아놓고 있으니 아마도 쥐들이 들락거리는 것 같았다. 동이 트자마자 윗목 살림살이를 들어 보았더니 후다닥 어미 쥐가 도망을 가고 털도 다 나지 않은 생쥐 새끼 세 마리가 바들바들 떨고 있었다. 어린 새끼들이 불쌍했다. 어미 쥐 돌아오라 쥐구멍 막지 않고 살림 다시 쌓아 그 쥐들과 같이 한 방에서 그 해 겨울을 보낸 것은 지금도 잊히지 않는다. 그렇게 산 2년이 평생 마음에 지워지지 않고, 그 때 생각만 하면 어떻게 그 세월 살았는지 지금도 눈가가 붉어진다.

1992년 감정평가사 사무실을 냈다. 죽으라고 뛰어다닌 결과로 사무실은 곧 자리를 잡았고 형편도 살만하게 되었다. 사회와 이웃의 도움으로 살았던 그 2년간의 어린 시절을 생각하며 그때부터 소년소녀가장 돕기에 조그맣게나마 후원을 해왔다. 1995년 두 번째로 후원하게 된 소녀 가장이 Y양이었다. Y양은 고흥군 금산읍 작은 농촌마을에서 부모 없이 나이 많은 조부모와 셋이 사는 소녀 가장이었다. 당시 중학교 3학년이었는데, '어려움을 이기고 고등학교에 진학할 수 있도록 정성어린 격려와 관심을 부탁한다.'며 나주종합사회복지관에서 결연해준 학생이었다. 제대로 격려와 관심은 보이지 못하고 그저 후원금만 보내준 학생이어서 후원자라고 불리는 것이 겸연쩍은 관계였다. "저도 이제 고3이 됩니다. 먼 훗날 제가 사회인이 되어 적응해 가고 있을 때 나와 같은 사람들을 위해 봉사하는 이가 되겠습니다. 저의 미래가 마냥 희미하게 보일지라도 후원자님과 약속한 것을 반드시 지키겠습니다. 지켜봐 주시고 후원자님을 위해 기도하고 있는 저를 기억해 주십시오. 언제 한 번 찾아뵙고 싶습니다. 후원자님도 저와 같은 마음일 때 연락 한번 꼭 주십시오. 1998년 2월 Y올림." 이렇게 쓴 편지도 받았었다. 격려와 배려 없이 후원금 몇 푼만 보낸 것이 부끄러워 그것으로 그냥 잊기로 했었고, 그대로 잊혀진 Y양이었는데 오늘 그 포장물이 떨어지면서 기억 속에 다시 살아난 것이다.

'지금 어디서 어떻게 살고 있을까……, 아마도 어른이 되었을 텐데….' 찾으려면 찾을 수도 있겠지만, 편지에서 약속한 것처럼 자신도 누군가의 후원자가 되어 살고 있으리라 생각하며 기억 속에 묻어두려 한다. 두르지 않았던 그 목도리 이제 사용하는 것으로 Y양을 만난 것으로 갈음하려 한다.

니 학교는 내가 보낸다

5월 8일은 어버이날이다. 이 날은 종전의 어머니날을 경로사상 고취한다 하여 1973년 3월 2일 이름을 바꾼 것이라 한다. 어머니날은 1955년 8월에 만들어졌는데 이 날을 만든 까닭은 여성에게 자부심을 심어주면서 모든 여성이 어머니가 되어 자식을 훌륭하게 기르라 가르치기 위한 것이라 한다.

이처럼 우리에게 어머니는 자식으로부터 존경받고 사랑받는 사람이 아니라 늘 자식을 위해 고생하고 희생하는 삶을 살아야 하는 사람으로 각인되어 온 것 같아 어머니께 죄송한 마음이 들기도 한다.

나에게 어머니에 대한 추억은 항상 힘드시고, 어려우시고, 고생만 하신 불쌍하신 분이라는 것뿐이다.

어머니는 어린 나이에 재산이 좀 있다는 집안으로 시집을 오셨는데 아버지는 적잖은 재산을 다 탕진하시고 어디를 떠돌아다니시는지 집에는 거의 들리시지도 않았다. 어머니께 남겨진 것은 텃밭이 딸린 조그마한 초가 한 칸 과 아이들 셋뿐이었다.

어머니는 아이 셋을 혼자 키우기 위해 5일장에서 장사를 하시기도 했고, 산에 가서 직접 나무를 하시기도 했으며, 남의 집 일도 많이 하셨다. 그러나 항상 가난했다. 어머니는 가끔 속이 좋지 않다 하시면서 끼니를 거르시기도 하셨는데, 그때는 모자라는 양식으로 자식들을 더 먹이기 위해 자신은 식사를 하지 못하고 계셨다는 것을 눈치

채지 못했다.

초등학교 갓 졸업한 딸을 입하나 덜겠다고 서울로 남의집살이를 보내고 몇날 며칠을 잠 못 이루시고 뒤척이던 모습은 지금도 눈에 선하다.

초등학교 6학년 11월 어느 날 아침에 학교를 가지 않겠다고 심통을 부렸다. 학교에서 중학교 입학시험 원서를 낼 사람은 오늘 호적등본을 가져오라고 했는데, 중학교를 못 가니 호적등본은 필요 없다고 투정을 부리다 느지막이 학교로 갔다. 첫 시간 수업이 끝났을 때 어머니가 학교로 오셨다. 호적등본을 내미시면서 "시험 보거라. 우짜든지 니 학교는 내가 보낸다."라고 하셨다. 4교시 수업이 진행 중인데 옆집 아저씨가 자전거를 타시고 급히 오셔서 집으로 데려왔다.

어머니께서 의식을 잃고 쓰러져 계셨다. 학교에서 오신 뒤 텃밭에 김장독을 묻는다고 괭이로 구덩이를 파다가 쓰러지셨는데 그대로 일어나지 못하셨다 했다. 면 소재지 의사(공중보건의)가 다녀갔는데, 뇌출혈이라 했고 깨어나시지 못 할 것이라고 했다. 그 길로 어머니는 말 한마디 못 하시고 돌아가셨다.

12월 중학교 시험을 봤다. 그날 대충대충 했다. 그까짓 것 시험 합격해도 학교는 다닐 것 같지 않으니 시험이고 뭐고 다 필요 없는 짓이라는 생각 때문이었다.

중학교 시험 발표가 나고 차석으로 합격을 했다. 하지만 아무런 느낌도 없었다. 차석이면 어떻고 수석이면 뭘 하나 어차피 학교는 다니지 못 할 텐데….

입학 수속이 끝나는 날 담임선생님이 나를 부르셨다. 그리고 "너 학교 다닐 수 있다." 라는 말을 하셨다. 지방 신문사(대구 매일신문)

에서 시골 중학교 수석 합격자에게 주는 3년 전면 향토 장학금이 있는데 중학교 교장선생님께서 사정을 아시고 수석합격자 부모를 설득했다 한다. “한 달 전에 어머니를 잃은 학생이 있는데 그 학생이 차석으로 합격을 했으나 학과 성적만으로는 수석이고 그대로 두면 학교를 못 다니는 아까운 재원이니 그 학생을 신문사에 장학생으로 추천하는 것을 양해해 주시면 좋겠다.”라 하여 동의를 받으셨다고 했다.

“시험 보거라. 우짜든지 니 학교는 내가 보낸다.”라고 하신 약속을 어머니께서는 돌아가시면서도 지키신 것이다.

지금도 어머니를 생각만 해도 가슴이 아리다. 그리고 눈물이 난다.

고향에 가면 마을 한편에 있는 교회(가톨릭 안동교구 화령 본당 모동 공소)의 성모상 앞에 한참씩이나 서 있곤 했다. 살던 집터, 어머니가 김장독을 묻던 그 텃밭에 세워진 것이기에 그곳에 서면 늘 고생만 하시다가 돌아가신 어머니의 모습이 떠오르기 때문이다.

사는 동안 성실하게 살고 착하게 살면 그만이지 죽으면 어찌 될지 모르는데, 극락이다 천당이다 하며 절이나 교회를 다닐 필요가 뭐 있겠느냐 하던 무신론자가 얼마 전 가톨릭교회에서 견진성사라는 의식[6]에 참여하였는데 그것은 고향 교회 성모상 앞에서 어머니의 모습을 보았기에 그리 한 것이 틀림없는 것 같다.

6) 2016년 10월 8일 가톨릭 문래동 본당 염수정 추기경 안수.

부끄러운 이야기

당시에는 '잘했다', '최선을 다했다'고 처리한 일이 시간이 지나서 보면 '왜 그렇게 했을까?'하고 얼굴이 붉어지고 부끄러워지는 때가 있다. 누구에게도 말을 못 하고 가슴앓이를 하게 되지만 그럴 경우는 대부분 일을 객관적이고 공정하게 처리하지 않고 어떤 불순한 동기나 저의를 가지고 급히 하거나 압박을 받아 그 일을 하였기 때문임을 알 수 있다.

80년대 중반 한국은행 은행감독원 검사국에서 검사보고서 심사 업무를 맡고 있었다. 원장님이 바뀌셨고 새로 오신 원장님은 소위 정권 실세인 외부 인사로서 힘이 있는 분이시고 은행 업무에도 밝은 것으로 알려져 임직원 모두 긴장하고 있을 때이다.

G지방은행 검사보고서를 심사했다. 전년 대비 업무 실적도 향상되었고 수익도 늘어났다. 지방은행의 약점인 외환 부분의 실적도 증가되었고 특이할 만한 사고도 없었다. 검사 종합평가를 잘 했다고 쓸 수 있는 정도는 아니지만 문책이나 경고를 할 만한 내용도 없었기에 평범하게 작성된 검사 보고서를 국장께 올렸다.

오후 전화를 받고 원장실에 다녀온 국장님의 얼굴이 흙빛으로 일그러져 있었다. "G지방 은행의 검사 결과 조치가 왜 이리 늦느냐 내가 알기로는 그 은행에 문제가 많다고 하는데 내일 아침 일찍 문제점을 직접 보고하고 내일 중으로 검사보고서를 완결하여 필요한 조취를 취하라."라고 하셨다 한다.

큰일이다. 내일 아침까지 요약보고서를 만들만한 시간이 없는 것도 답답하지만 더 어려운 것은 결재 중인 검사보고서에는 원장님이 말씀하신 문제점이 없다는 것이다. 고민 끝에 결단을 내렸다. "국장님 오늘은 그냥 퇴근하시고 내일 아침 일찍 나오십시오. 어떻게 하든 문제 있는 요약보고서를 만들어 보겠습니다."라고 말씀드리고 보고서를 타이핑할 여직원을 내일 새벽 출근토록 했다.

밤을 새워 고민하고 또 고민하면서 문제가 될 만한 요약보고서를 만들었다.

G지방은행의 업무실적 증가가 서울지점만 증가해 있었고, 서울지점의 실적을 제외하면 오히려 감소하였다는 것을 찾아내어 "지방은행의 설립 취지를 망각하고 지역에서의 업무 신장을 소홀히 했다."라고 적었다. 서울지점의 실적 증가가 H그룹의 외환업무 증가에 따른 여신 취급에 있음을 찾아내어 "규모가 작은 지방은행이 특정 대기업에 대하여 편중여신을 함으로써 은행의 자산 건전성을 해쳤다."고 했다. 1년간 G은행에 대한 민원과 자질구레한 사고들을 찾아내어 일일이 열거하고 "내부 통제가 부실하여 사고의 개연성이 높아졌다."라고 지적했다. 이렇게 하고 나니 문제가 있는 요약보고서 모양이 갖춰졌다. 문책경고는 좀 과한듯하지만 주의경고는 충분할 만한 보고서가 됐다. 좀 찜찜하지만 문책경고가 적절하다는 결론을 내렸다.

다음날 아침 일찍 원장실에서 보고를 하고 나오신 국장님의 얼굴이 펴졌다.

원장님께서 그 자리에서 서명하신 요약보고서를 내미셨다. 결재중인 검사보고서가 요약보고서 내용대로 일부 수정되었고 일사천리로 결재를 받아 당일 저녁 필요한 조치가 G은행에 통보되었다.

그 이튿날 석간 경제 신문에 조그마한 기사가 났다. "G지방은행의 J은행장이 임기를 한 달 정도 앞두고 후진을 위하여 용퇴하였고 그 후임에 실력자 A씨가 내정되었다."라고. 예상을 전혀 못한 것은 아니지만 밤을 새워 일한 업무 처리가 다른 목적으로 이용되었구나 하는 생각이 들며 갑자기 부끄러워졌다. 부끄러워할 필요가 없다고 그 후에 생각을 뒤집어 보기도 했다. "요약보고서가 없는 사실을 지어 낸 것도 아니고 있는 사실을 좀 부정적인 측면에서 강조하여 기술한 것 뿐이며 문책경고가 좀 과하다고 생각했지만 결국 문책경고는 G은행의 재심 요구를 받아들여 주의경고로 낮춰졌으니 검사 결과가 부당하게 왜곡되지는 않았으며 G은행장이 임기를 한 달 정도 ㅊ채우지 못한 것이 외견상 문제가 될 일도 아니고 후진을 위해 용퇴했다 했으니 그분의 명예가 실추된 것도 아니지 않느냐" 하고.

세월이 많이 흘렀고 그 사실을 아는 사람은 이제 나 말고는 아무도 없다. 그래도 다시 그 일을 생각하면 아직도 부끄럽다. 더욱이 그 당시로 다시 돌아간다 해도 그런 업무처리를 하지 않을 자신이 없는 나를 발견할 때는 더 더욱 부끄러워진다.

대통령 탄핵이 끝나고 온 국민의 기대하는 신선한 새 정권이 세워졌다. 새 대통령의 신선한 행보가 국민의 관심을 끌고 있다. 이런 새 정부가 적폐청산의 1호라 하며 4대강 사업에 대한 감사를 다시 한다고 한다. 벌써 세 차례나 감사를 했는데 왜 또다시 감사를 해야 하는지 석연찮은 점이 있다.

4대강 사업은 양면성이 있다. 수질악화 등 환경적인 측면에서만 보면 해서는 안 될 사업이지만 세계적인 문제로 대두되고 있는 물 부족 가뭄 대책이란 현실적인 면에서만 보면 반드시 해야 하는 사업이기도 하다.

어쨌든 4대강 사업에 대한 감사는 다시 실시될 것이다. 이번에 작성되는 4대강 감사보고서에는 그 보고서를 작성한 사람은 물론 그 결과를 바라보는 모든 국민 개개인들이 후일에라도 부끄럽다 생각할 수 있는 내용은 전혀 없어야 할 것이다.

반드시 그리될 것이라 믿고 있다. 그것은 국민과 소통하고 국민을 위해 봉사하겠다는 새 정부를 신뢰하고 있기 때문에 더더욱 그러하다.

들개의 '기억' 속 세월호 외 2편

김 순 자

"시골마을 우물을 지키는 개들이 갑자기 실종된 사건이 벌어진다. 죽은 개들의 부속물들이 발견되면서 개들의 실종이 단순한 사건이 아님을 알고 마을 사람들이 불안에 떤다. 설상가상으로 누군가 마을 우물에 독을 뿌리면서 사람들의 불안감은 극에 달한다"

마음의 평온을 찾고자 소극장 '혜화동 1번지'에서 공연하는 연극 '들개의 기억'을 관람했다. 연극은 개인의 욕망과 집단 이기주의가 마을 공동체 전체를 불행케 한다는 내용을 담고 있다.

마음의 안정을 꾀하려던 나의 계획과 달리 연극을 보는 내내 무수한 생각들이 접목되어 마음에 혼란만 생겼다.

최순실 국정농단에서 비롯된 시국이 결국 박근혜 대통령 탄핵과 구속으로 이어진 우리나라의 불행한 현실이 연극 속에 그대로 투영돼 있는 것 같았다.

우물을 지키는 개들의 실종과 발견되는 뼈 조각 모습은 현 우리사회 속 세월호 사건 모습을 그대로 연상시켰다. 세월호 침몰과 함께 즉각적인 구조작업을 취하지 못한 정부의 불찰로 차디찬 물속에서 죽은 희생자들과 연극 속 죽어간 개들의 모습이 유사했다.

연극말미에 마을 우물에 독을 뿌리는 이의 정체가 드러난다.

그는 수년전 마을 집단 이기주의에 의해 희생되고 방치 되었던 한 어린아이였던 것이다. 아이는 마을 사람들의 잘못된 판단에 의해 부모와 창고에 갇히게 된 후 창고에 불이 나면서 부모를 잃고 자신만 간신히 빠져 나와 화상으로 인하여 한쪽 눈을 잃은 상태로 살아왔다. 그는 사람들의 조롱과 멸시에 대한 복수심의 칼날을 갈아 왔다. 자신이 당한 이 같은 부조리와 불합리에 대해 증오심을 갖고 복수의 방법으로 마을 우물에 독을 뿌려서 마을 전체를 불안과 공포로 몰아갔다.

마을 사람들에 대한 복수심을 가진 그의 모습은 우리 사회 한편에서 억울함을 당하고 소외 되었던, 특히 세월호 피해자의 유가족들이 아닐까 싶다.

문뜩, 둘째 언니가 쓰러져 중환자실에 실려 갔다는 소식을 듣고 부랴부랴 목포로 향했던 며칠 전 상황이 떠올랐다. 언니의 병문안을 마친 후 세월호가 거치된 목포 신항만을 찾았다. 나도 추모 시민들의 틈새에 껴서 유가족들의 아픔에 동참했다. 미수습자 가족들의 슬픔이 내 마음에 전파 되어 KTX에 몸을 싣고 상경하는 3시간 내내 하염없이 눈물을 흘렸던 그때가 회상 되었다. 연극을 보는 동안 세월호 사건이 머릿속에서 떠나지 않았다.

세월호의 비극은 우리 사회의 집단 이기주의가 낳은 결과물이라는 생각이 들었다. 세월호의 아픔은 유가족만의 아픔이 아닌 우리 국민의 아픔이다. 정부가 세월호를 방치한 사실을 무조건 탓할 것만 아니라 우리 스스로가 세월호의 기억들을 애써 외면하며 방치해 온 것은 아닌지 스스로 돌아봐야 한다.

'들개의 기억' 속 마을 사람들의 모습은 결국 우리 국민들의 모습이다. 실종된 개들은 우리가 방치한 세월호 속에서 죽어간 희생자들을 연상케 한다.

극작가의 의도와는 다를 수 있겠지만 2시간 30분 동안 관람하면서 불현 듯 들개의 주검 미스테리를 밝히는 이 연극의 스토리가 마치 세월호 사건의 진실을 파헤쳐가는 우리 현실의 모습과 흡사하다고 느꼈다면 이것이 나만의 생각일까?

음치교정 카페에서

비가 주룩주룩 내리던 어느 가을 날 대학가의 거리를 거니는 데 한 카페의 입구에 '음치 교정'이라는 단어가 발걸음을 멈추게 했다.

호기심이 발동한 나는 카페의 입구로 들어섰다. 입구 곳곳에 놓여 있는 조그마한 화분들이 운치가 있고 멋스러워 내 마음을 흔들어 놓았다. 때 맞춰 잔잔하게 흘러나오는 옛날 팝송의 아름다운 선율은 마치 손난로의 따스함이 온 몸을 감싸듯이 나의 감정계좌에 '행복한 감정'으로 쌓여져 갔다.

넓은 카페안에는 테이블 의자들이 창가를 향해서 배치되어 있었다. 내리는 비를 바라보다가 한 쪽 구석을 찾아 앉았다. 벽 쪽을 둘러보던 중 커다란 플래카드에 담긴 기타를 들고 서 있는 한 여자의 모습이 눈에 들어왔다. 그분은 분명히 이 카페의 주인인데 옛날 가수 같았다.

차 주문을 받으러 다가온 그녀에게 "음치교정을 이곳에서 하시나 보죠?"하고 물었다. 그녀는 "많은 사람들이 음치교정을 받고 좋은 성과를 거두고 있다"고 대답했다. '실은 나도 음치이기에 이곳에 왔어요'라는 말을 하고 싶었지만 왠지 쑥스러워 차마 입을 떼지는 못했다.

그분과 대화 중 학창시절 한 친구가 떠올랐다. 그는 노후에 대학가의 한 길목에 카페를 열고 은은하게 퍼지는 팝송을 들으며 오고 가는 손님들의 모습을 엿보면서 붓 가는 대로 글을 쓰면서 살고 싶다고 했다. 낭만적 분위기를 좋아했던 그 친구는 지금쯤 어느 곳에 카페를 열고 그의 꿈을 실현 시키며 살고 있을까, 궁금해졌다.

나는 카페주인을 바라보며 그동안 잊고 지내온 지난날이 주마등처럼 떠올랐다. 학창시절, 나의 필기한 강의 노트를 자주 빌려가던 부산 친구는 가끔 당시 유행하던 팝송을 흥얼거리며 음치인 나에게 가르쳐 주려고 애썼다. 그 시절 우리학과 친구들은 부산, 목포, 서울, 진주, 통영 등 지역 명을 친구들 이름대신 호칭했기에 나는 '목포'로 불리어졌다.

비오는 날 카페에서 흘러 나오는 팝송 (You Mean Everything to Me, Sugar Sugar 등)이 옛날에 대한 향수를 더욱 불러와 내 마음을 흔들었다.

문득, 부산 친구에 휩싸여 아름다운 감정계좌를 쌓았던 기억들이 새록새록 떠올랐다. 그 친구는 군대를 간 후 첫 휴가를 받자 우리학교 강의실부터 찾았다. 반갑게 친구들과 인사를 나누고 내게 성큼 다가와 의미심장한 미소를 띄우더니 나를 강의실 밖으로 불러냈다. 주춤 하며 그를 따라 나선 강의실 밖에는 키가 훤칠하고 이목구비가 뚜렷한 장교복 입은 군인이 서있었다. 부산친구는 나를 그에게 인도하며 자신이 말했던 목포 친구라고 소개했다. 우리는 서로 인사를 나눴고 나는 곧바로 강의실로 들어갔다.

그 날 마지막 수업을 마친 후 버스정류장으로 향하고 있는 내 앞에 언제 따라왔는지 그 장교가 할 말이 있다며 서 있었다. 그는 내가 타고 가는 버스에도 함께 올라탔다. 을지로 3가에서 내리는 내 뒤를 따라 내리며 "잠깐 을지 다방에서 부산 친구와 만나기로 했으니 함께 가자"고 했다. 부산 친구가 온다는 말에 그를 따라 다방으로 들어가

자리를 잡고 앉았다.

반숙계란을 올린 쌍화차를 시켜 마시는 내내 부산친구는 나타나지 않았다. 그가 소위 계급장을 달고 있었기에 나는 그에게 '이 소위님'이라고 부르며 대화를 나눴다. 대화를 마친 후 그는 내가 살고 있는 장충동 오빠 집까지 바래다 주었다.

오빠한테 이 소위에 관한 이야기를 했더니 경청하던 오빠는 "남자세계에서 흔히 있는 일이다"며 웃기만 했다.

그 후 이 소위는 학교로 편지를 보내 오고 국군의 날엔 장충동 오빠 집 근처까지 찾아와 불러내곤 했다. 얼마 후 그는 백마부대에 지원해 월남 전쟁에 참전했다.

이 소위는 베트콩을 색출하는 작전 수행 중 코뿔소가 나타나 당황했던 일과 월남에 파병 나와서 겪는 갖가지 에피소드들은 물론 자신의 소대원들이 전투를 하던 중 목숨을 건진 일 등 다양한 경험담을 생생하게 묘사해 편지로 담아 보내왔다.

그 많은 사연들을 주고 받았지만 나는 그에 대한 호칭을 한결같이 '이 소위님!' 으로 했다. 그는 이런 내게 '호칭을 바꿔 자신의 이름으로 불러달라'고 요구했으나 다른 호칭은 사용하지 않았다.

한국말은 처음부터 끝까지 들어야 말의 핵심을 파악할 수 있다고 하지만 나는 처음과 끝을 생략한 체 생각만 말하는 습관이 있다. 이 소위한테도 마찬가지였다. 내 마음을 드러낸 적 없이 표면적인 이야기만 했다.

내가 조리있는 말을 잘 못하는 탓에 남편은 내게 "어떻게 교단에서 학생들을 가르쳤을까?"라며 "자기는 이해가 안된다"고 말한다. 이럴 때 "난 간단명료하게 핵심을 정확히 풀어주는 수학 선생이니까 긴 말이 필요 없다"고 답한다. 그럴 때마다 남편은 "그 말도 일리가 있네!"라면서 웃는다. 속으로는 남편이 무슨 생각을 하고 있는지 궁금했지만 더 이상 묻지 않는다.

카페주인의 월남공연 당시 이야기를 한 참 듣는 중에 월남 전선에서 이 소위가 보내왔던 숱한 사연들이 꼬리에 꼬리를 물고 떠올랐다.

아름다운 추억들이 감정계좌에 잠자고 있다가 깨어나는 순간, 창밖을 바라보니 가을비가 멈췄다. 자리에서 일어나 추억의 팝송을 뒤로 한 체 카페를 나오는 중 출입문 옆에 붙은 '음치 교정'이란 글자가 유난히 눈에 크게 들어왔다.

'언젠가 나도 음치 교정을 받아 귓가를 맴도는 저 팝송을 자신 있게 불러보았으면……!'

세상에서 가장 맛 없는 팥죽

불러도 불러도 대답없이 10여년 전에 떠났던 내 남동생이 현관문을 열고 서 있었다.

"아유! 언제 왔니? 출장이 무척 길었구나! 이제야 온 걸보니……. 어서 들어와!"

손을 내미는 나를 멍하니 바라보더니 한마디 말도 없이 사라졌다.

B형 간염에서 간암이란 진단을 받은 지 2개월 만에 세상을 하직했던 동생이다. 내 막내동생은 추석 무렵 아산병원에서 우리 십남매 중 가장 먼저 모든 가족과 친인척들의 마음에 슬픔을 남겨주고 저 세상으로 갔다.

이 세상에 태어나던 그 시절부터 부러울 것 없이 잘 나가던 동생이다. 원했던 직장에서 한참 꿈을 펼치던 서기관에서 부이사관 승진을 앞두고 53세의 젊은 나이에 우리 곁을 떠났다.

간 종양의 치료에 가장 많이 시행되고 있는 시술 색전술도 한 번만 받았다. 간 이식도 할 수 없었다, 암의 전이도 매우 빨라 더 이상 손을 못 쓰고 2개월 밖에 살 수 없는 시한부 인생으로 병원에 있었다. 힘없이 누워있는 동생에게 원기 회복을 위해서 나는 상황버섯 달인 물, 홍삼, 영지버섯, 민들레 등을 날마다 준비해 갔다. 난 아산병원 근처에 살고 있었기에 하루에 서너 번 씩 입원실에 들어가 축 쳐져 있는 동생에게 먹여주며 대화 하고자 노력했다.

내가 만들어 가지고 간 것들은 병원에서 다 금지시켰지만 동생은 누나의 정성에 보답하고파 쾌히 받아들였다. 어차피 병원에서 떠나보낼 준비를 하라고 했고 진통제로 생명을 연장하고 있었다. 그렇게 두 손 놓고 죽을 날만 기다린다면 많은 후회가 될 것 같아 난 여기저기서 들은 간암에 좋다는 민간요법을 다 동원하려 안간 힘을 썼다.

동생이 떠나기 전 무엇이 가장 먹고 싶은가 생각해보라 했더니 쑥스러운 미소를 띠우며 팥죽이 먹고 싶다고 했다.

나는 새벽부터 팥을 삼고 찹쌀을 빻아 새알을 만들어 아침 병원 식사 나오기 전 먹이고 싶어 팥죽을 쑤어서 보온통에 넣어가지고 가 먹였다.

아무 간도 하지 않고 밋밋한 팥죽을 내 동생은 다 먹었다. 병원에 입원해서 처음으로 식사를 다 했기에 난 기분이 최고로 좋았다.

그 날 점심때 올케 친구 부부가 잣죽을 쑤어 왔다. 그런데 내 동생이 하는 말이 "오늘 아침 세상에서 가장 맛없는 팥죽을 먹었다"고 웃으며 "점심을 먹지 않겠다" 말했다.

동생이 떠나기 전 맛이 있든 없든 간에 내 손으로 팥죽을 쑤어서 먹였다는 게 지금 이 순간도 마음이 흐뭇하다.

동생과 나는 우리 십남매 중 같은 혈액형이며 가장 돈독한 관계를 유지하며 살았다. 나와 동생이 방학 때 고향에 내려가면 다른 음식보다 팥죽을 쑤어주기를 원했다. 나와 동생 둘 다 팥죽을 유별나게 좋아해서 생일날이면 시루팥떡을 만들면서 팥죽도 함께 쑤어주었다.

엄마 몸이 매우 허약 하실 때 내 동생이 태어났지만 동생은 매우 건강하게 온 가족들의 사랑을 듬뿍 받으며 자랐다.

내가 초등학교 4학년 때 동생은 유치원에 들어갔다. 나는 오전 수업이 끝나고 점심시간만 되면 동생 유치원을 향해 달음박질쳤다. 어느 누구도 막지 못했다. 동생 가방이며 신발주머니를 챙기고 모자도 다시 한 번 예쁘게 씌우고 손을 꼭 잡고 집에 데려다 준 후 오후 수업을 위해 다시 학교로 돌아갔다.

엄마는 점심도 거르고 동생에게 집착하는 나를 안타깝게 생각 하셨다. 몸도 허약하면서 밥 먹기 싫어하는 나를 한의원으로 데려가 진맥 받도록 하셔 한약을 입에 달고 살았다.

동생은 형 4명 누나 5명중 유별나게 조건 없이 내가 하자는 데로 따랐다. 내가 고2때 동생은 중학교에 진학했다, 그때부터 나의 일과는 동생의 학과공부, 예습, 복습에 치우쳤다. 나의 공부를 뒷전으로 하고 동생의 공부에 집착해 아버지께 꾸중도 많이 들었다.

동생의 성적이 월등하게 나오면서 주위사람들의 칭찬과 찬사는 나에게 쏟아졌다. 하나부터 열까지 동생의 기쁨은 나의 기쁨이고 나의 자랑이었다. 동생과 나와의 관계는 누나와 동생 간 관계라기보다는 선생님과 제자의 관계 같았다.

동생은 술만 마시면 나를 부르는 호칭이 달라진다. 평상시에는 '누나, 누나.' 부르다가도 술 한 잔 만 입에 들어가면 '누님'으로 바뀌었다. "누님! 오늘도 술 한 잔 했습니다." 시도 때도 없이 술만 먹으면 우리 집에 전화해서 "누님한테 꾸중 들을 각오가 돼 있다."는 동생이었다.

올케는 내 동생이 술 먹고 들어올 때면 "형님! ○○아빠 혼 좀 내주세요." 미리 나에게 연락을 주었다.

난 자다가도 동생에게 건강에 관한 똑같은 레퍼토리를 의무적으로 반복했다. 내 남편은 "우리 남매의 유별난 애정을 어느 누군들 막을 수 있겠느냐"며 보기 드문 사람들이라고 웃고 만다.

"이제 호흡기를 빼겠습니다. 숨을 거두었습니다."라는 사망진단 선고를 듣는 순간 "떠나면 안 된다."고 울부짖던 나의 눈에 동생의 눈물이 보였다. 눈도 감지 못한 채 맺혀있는 눈물을 보았다. 지금도 생생하게 생각난다.

나는 동생 한 사람 떠나보내면서도 가슴이 찢어질 듯 아픈데 그 많은 사랑하는 사람들과 인연을 다 끊고 떠나야 하는 동생의 마음은 오죽하랴! 생각이 들자 나의 눈에서 눈물이 멈췄다.

이 세상에서 가장 맛없는 팥죽을 먹었노라 말하며 의미심장하게 웃던 그 모습을 난 영원히 잊지 못할 것이다.

소달구지와 포르쉐 외 2편

김 인 건

양 옆으로 푸른 나무들이 가지런히 늘어선 시골 길을 따라 나와 누나들은 할아버지 집으로 가고 있다. 부산에서 김해 읍 까지는 분명 버스를 타고 왔으나 어디서부터인가 우리들은 저 멀리 파란 강물이 흐르는 낙동강을 바라보며 소달구지를 타고 가고 있다. 가끔 할머니가 빨래하러 가시던 강이다. 울퉁불퉁한 시골길 위로 소달구지는 덜컹덜컹 거리며 가고 있다. 길가를 따라 시골 특유의 거름 냄새가 구수하면서도 묘한 향기를 뿜는다.

디귿자 형태의 시골 기와 집, 큰 대청마루가 보이고 가운데 마당에는 가마니 위에 널린 빨간 고추가 가을을 열어가고 있다. 누나들과 호롱불 아래에서 수박을 먹으며 재잘거린다. 나는 요강 위에 앉아 작은 일을 보면서 연신 수박을 먹어댄다. 할아버지 집 통쉬깐(뒷간) X통은 깊이가 엄청났다. 온돌 구들 방에는 가마니에 싸인 메주 덩어리의 익어가는 냄새가 퀴퀴하다. 대청마루에서 강둑을 따라 멀어져 가는 할아버지의 상여가 보이고 그것을 메고 가는 동네 상여꾼들의 상여 소리가 구슬프다.

나는 할아버지의 생전 모습에 대한 기억이 남아있지 않다. 할아버지는 부산 수정 동 에서 주물공장을 경영하다가 해방 후 아버지에게 물려주고 김해 시골로 들어가서 노년을 보내셨다. 내가 5살이던 1951년 3월 3일에 50대 후반의 연세에 돌아가셨다. 나의 할아버지 집에 대한 추억도 시기가 뒤죽박죽이고 단편적이다. 내가 이야기한 추억의 영상들이 실제 내가 기억하고 있은 것인지 아니면 유, 소년 시절에 누나나 어머니가 그때그때 이야기를 해준 것이 지금까지 내 기억으로 살아 있는 것인지 잘 알 수도 없다.

사람들은 대개 아주 어린 시절에 있었던 일을 제대로 기억하지 못한다. 그러면 대체로 몇 살 이후의 일들을 기억할 수 있을까? 이에 대해 미국 모 대학이 흥미로운 실험을 통해 어린 시절의 기억을 몇 살 때부터 잃게 되는지를 밝혀냈다. 연구팀은 83명의 아이들을 3살 때 부터 6년에 걸쳐 관찰해 이 같은 결과를 얻어냈다. 아이들은 7세 때까지는 3살 때 기억했던 것의 63~72%를 기억하는 것으로 나타났다. 그러나 8세와 9세 때에는 단지 35%만 유지됐다.

이 연구를 수행한 교수는 "즉 대체로 8세 무렵부터 유아기 때의 기억이 약해진다는 의미로 볼 수 있다. 다만 5~7세 때에도 3세 때의 일에 대한 기억은 이미 서서히 흐릿해지는 것으로 나타났다."고 설명했다. 이 연구 결과를 보면 나의 유년시절의 소달구지, 요강 과 수박, 할아버지 상여 등은 내 기억의 일부인 것이 사실이지만 8세 이후 잊혀진 것을 이후에 어머니와 누나들로부터 그때 이야기를 자주 들으면서 아직 기억하고 있는지도 모르겠다.

딸과 사위가 직장에 가고 나면 8살 손녀 예은이와 5살 손자 성준이를 우리 부부와 사돈 부부가 요일을 정해 학교와 유치원에 보낸다. 내가 수필 공부 시간 후 일찍 가야 하는 것도 애들을 하교 시켜야 하기 때문이다. 성준이는 포르쉐 자동차를 좋아한다. 차를 타고 가다 포르쉐만 보이면 "포르쉐, 포르쉐"하고 외친다. "하비(할아버지)는 무슨 차 좋아해? 내가 돈 벌어서 포르쉐 사줄까?" 나는 손자들과 많은 추억을 남기려고 노력한다. 같이 어린이가 되어 놀아주기도 하고 이

벤트도 만들고 한다. 성준이는 어른이 되어 외할아버지와의 추억을 어느 정도 기억할까? 성준이는 높고 커다란 빌딩 같은 외할아버지 아파트에 포르쉐를 타고 갔다고 기억하지 않을까?

소달구지와 포르쉐는 하비와 손자를 모두 할아버지 집으로 실어다 준다.

나는 지금의 수필공부시간을 통해 철모르고 즐겁기만 하던 유소년 시절, 꿈 많고 무서움 없던 학창시절, 그리움과 사랑을 알아가던 청년시절, 아내와 아들, 딸과 행복하던 중장년 시절, 밤잠을 못 이루고 고뇌 해야 했던 경영자 시절로 시간 여행을 하려 한다. 도로 표지판은 어설프고 단편적인 나의 기억이다. 내가 믿고 기댈 수 있는 네비게이션은 수필반 교수님과 반원들의 성원과 지도 편달이라 생각한다.

어머니는 소망동산에 계신다

외손자 성준이가 엄마만 찾길래 "너는 좋겠다 엄마가 있어서 하비(할아버지)는 엄마가 없단다." 그러면 성준이는 "하비 엄마는 어디 있는데 가서 만나면 되지 하늘나라에 있지 하늘나라가면 만나겠네." 그런다. "그래 하비도 엄마 만나러 갔다 올게."

서울역에 내리니 찬바람이 몰아친다. 엊그제 눈이 내려 먼 산들은 아직 하얗고 아스팔트 거리 가장자리에는 치워둔 눈이 햇빛에 녹아 내리고 있다. 눈 온 뒤의 겨울 햇살은 눈부시다. 사위가 준비해온 차에 나와 아내는 어머니 유골을 안고 올랐다. 처 할머니 유골을 모셔서 그런지 조심스럽게 차를 몬다. 고속도로를 벗어나 곤지암 굴업리로 가는 시골길은 곳곳에 쌓인 눈으로 온 세상이 하얗다. 소망동산에 도착하니 경조부 부장집사님이 기다리고 계셨다. 얼마 있어 할머니 장례 치르고 회사에 출근했던 아들과 여동생 부부가 도착했다. 어머니 유골을 모시고 목사님의 안장 예배가 진행되었다. 하늘이 어두워지고 겨울바람이 더욱 세차게 분다. 소망교회 성도의 묘 주위에 시멘트로 만든 고랑에 어머니 골분(骨紛)을 뿌렸다. 한 줌의 재가 된 어머니 하늘나라에서 편히 계시라고 가족이 함께 기도한 후 예배를 마쳤다. 어머니만 추운 산 위에 남겨둔 체 떨어지지 않는 걸음으로 동산을 내려 왔다. "어머니, 잘 지내세요. 다음 올 때까지"라고 말하면서.

어머니 빈소는 부산 남천동 성당 장례식장에 마련되었다. 어머니와 같이 성당에 다니시던 현대아파트 천주교인분들이 힘써 주셨다. 어머니가 가시는 것을 보려고 외갓집 분 들이 많이 오셨다. 성희, 호근, 우일형 남향이 누님은 10여 년 전 이모님 상에서 보고 처음 본다. 고마운 분 들이다.아들 원태와 내년 1월에 결혼할 예정인 송화가 와서 새 며느리 역할을 했다. 서울에서 진원이 부부가 왔다. 먼 걸음에 미안함과 고마움이 겹친다. 어머니가 다니시던 수영성당에서 발인예배를 치르고 영락공원에서 화장으로 장례를 마무리하였다. 어머니 관이 화장로에 들어가는 순간 울음을 참을 수 없었다. 저렇게 가신다. 할머니, 아버지도 다 저렇게 한 줌의 재가 되어 사라져 갔다.

부산에서 어머니 요양간호사로부터 전화가 걸려왔다. 어머니가 위독하다고 한다. 아내와 서둘러 준비하고 있는데 다시 전화가 왔다, 어머니가 막 임종하셨다고……. 수술을 이기지 못하고 가셨구나. 멍한 상태로 앉아 있다가 부산에 내려갈 차비를 하고 아내와 같이 나섰다. 수영에 있는 한서병원에 도착하니 어머니는 말없이 창백한 얼굴로 우리를 맞으신다. 어머니 하늘나라 가셨나요? 나직이 물어보고 어머니 얼굴을 쓰다듬어 보았다. 얼음같이 싸늘하다. 아들 내려오기까지 기다리지 못하고 가셨나요? 그래 미안하다 너희들을 보고 가야 하는데 라고 말씀하시는 듯하다. 인공호흡으로 얼마간 연장할 수도 있었다는데 몇 시간을 버틸지 알 수 없어 누나들이 중단시켰다고 한다. 얼마 전까지 백세요양병원에 계시다 갑갑하다고 집으로 가셨다. 주일은 요양간호사가 오지 않는다. 혼자서 쌀을 안치려다 넘어져 고관절을 다쳤다. 부산에 내려가 의사와 상담하니 반년이상 누워있으면서 뼈가 굳기를 기다리던지 아니면 수술을 하던지 선택하란다. 둘 다 위험하기는 마찬가지 어머니 연세가 89세이니 견딜 수 있을는지 알 수 없단다. 어머니에게 물어보니 수술을 하겠단다. 수술 후 기분이 좋으신 것 같았다. 통증 완화 주사를 맞고 있으니 고통을 느끼지 못하는 것 같다. 웃으면서 이야기도 하고 나보고 빨리 서울로 올라가란다. 병상에서 그렇게 웃고 하는 어머니 모습을 보니아들은 한결 마음이 가벼웠다. 오래 누워있을 것 같아 욕창예방 매트를 침대에 깔아드리고 상경하였었다.

어머니가 백세요양원에 계실 때 일이다. 어머니를 휠체어에 모시고 옥상에서 바람을 쐬면서 나는 어머니에게 "엄마요 모든 사람이 다 하늘나라로 가는 거요. 그런데 모두혼자서 갑니다. 외롭고 쓸쓸하지만." 라고 말했다. 나는 지금도 이런 말을 왜 했는지 모르겠다. 위로도 아니고 마치 마음에 준비하라는 뜻으로 들리는 이야기를. 어머니는 모든 걸 이겨낼 수 있다는 생각이 깊은 곳에 깔려있었기 때문이었을까? 이 때 어머니는 어떤 기분이었을까? 혼자 가는 게 아니라 하나님이 함께 하신다고 말했어야 하는데.

어머니는 강한 분 이였다. 내가 중학생 때 아버지가 폐렴으로 직장을 그만 두자 어머니는 우리가 살던 주택을 점포로 개조하고 우리가족을 2층 한구석에 원룸으로 보내는 비상조치를 단행했다. 그런 과감한 결정은 누구나 쉽게 할 수 없는 일이었다..

어머니는 머리가 좋은 분이었다. 부산에서 유수한 경남여자고등학교에서 Top을 하였다. 그리고 항상 이를 자랑하셨다. 우리가 2남 4녀였는데 딸 4명이 어머니를 따라가기에는 인물이나 재능 모두 불급(不及)이었다.

어머니는 장남인 나를 딴 형제보다 살뜰하게 보살펴주셨다. 중학교 때 인 것 같다. 어머니와 형제들이 한 방에 자고 있었다. 나는 자다가 잠이 깨였는데 갑자기 발끝으로부터 대퇴부까지 감각이 없어지고 정신이 아찔해졌다. 인기척에 깨어난 어머니는 밤 2시경 나를 들쳐 업고 깜깜한 거리를1 Km 가까이 달려 동네 병원 문을 급히 두드렸다. 당시에는 응급실 같은 것이 없었기에 동네 의사가 자다 일어나 긴급 조치를 해 주었다. 집에서 병원까지 가는 동안 어머니는 얼마나 놀라고 걱정 하였을까. 나는 어머니 등에서 편안했던 것 같다.

12월 23일은 어머니 8주년 기일이다. 어머니는 천국에서 잘 계시겠지. 하늘나라에서 원태, 세영이가 낳은 증손자들을 보고 계실까? 겨울이 깊어가고 날씨가 더욱 차지고 있다. 그러나 소망동산에 계신 어머니는 추위를 모르고 편히 쉬고 계실 것 같다.

바둑 斷想

오늘은 2시부터 바둑 두는 날이다. 매달 둘째 토요일이다. 내가 서초살롱에 도착하니 제1착이다. 최 회장이 5분 지나니 나타났다. 회장은 시인이고 최고수로 강한 1급이다. 요즈음은 동기들에게 주역(周易)을 강의하느라 열심이다. 회장보다 일찍 왔으니 반칙으로 5집 공제해야 한단다. 곧 이어 C군이 들어온다. 사업을 꽤나 크게 하는 친구다. 공기가 탁하다고 한마디 한다. 이렇게 붐비는데다 히-터를 틀고 문을 꼭꼭했으니 공기가 좋을 리가 없다. C군과 바둑판을 두고 마주 앉았다. 또 맞두자고 한다. 2점을 놓지 않는다. 흑은 우상(右上)귀에 큰 집을 짓고 나머지는 전부 백이 포석하게 두더니 좌하(左下)귀에 침투한다. 나는 슬슬 몰아붙여 20개의 흑 돌을 잡았다 그러자 흑은 여기 저기 두드리다 무너진다. 백의 불계승이다. C군 상수(上手)에게 하는 말 "참 잘 두네." 조금 쉬다가 K와 호선이다. K와는 방내기 내기다. 1승에 5천원 플러스 한방(10집)에 3천원이다 만방으로 지면(90집 이상)3만5천원이다. 첫판은 내가 흑이다. 상호 견실한 포석으로 나가다 후반전에 백 집을 무너뜨리는데 성공한 흑이 25집 승 1만4천원을 땄다. 2번째는 백을 지고 초반에 방심한 내가 패했다 .45집 패로 2만원 잃었다. 오늘은 1승1패로 6천원 잃었다. 보통 바둑은 반집에서 10집 내로 승부가 나는데 내기바둑은 이렇게 대패할 수도 있다. 다른 친구들 판도 거의 마무리되고 저녁식사를 갔다. 모두 16명 참석이다. 오늘 저녁은 전직 교수 L군이 스폰서다. Y군이 발렌

타인을 가져오고 골프회 회장 L군이 오래된 하우스 매실주를 가져왔다. 친구들 칠순이 되니 모두 술을 절제한다. 그러나 한 두잔 들어가니 할 애기가 많다. 오늘은 동기회 운영에 대한 비판이 메인 화제다. 웬 일 인지 정치애기는 없다. 고등학교 동기들 바둑 모임은 바둑으로 용호상박, 친구 간 말씨름으로 아웅다웅, 얼굴보고 반가워 화기애애하다.

나는 대학시절 고려대학교정문 앞 제기동에서 하숙을 했다. 당시 대학생들은 여가시간이 나면 당구, 카드, 그리고 바둑을 두면서 보냈다. 대학 졸업할 무렵 4~5급이 된 것 같다. 그 이후 군대, 직장에서 조금씩 두었으나 기력의 향상이 거의 없다가 은퇴한 후 직장 OB 모임, 고교, 대학 동창 바둑 모임에 나가면서 실력이 약간 늘어 이제 어디서나 3급으로 통한다. 친구 사이에도 묘한 경쟁심이 있어 지고 나면 약이 오른다. 그러다 보니 각자 보이지 않는 곳에서 바둑 공부를 한다. Y군은 나와 같이 3급으로 호선이다. 그는 고교, 대학을 같이 다녔다. 대학시절부터 바둑을 같이 두었다 .그때도 나와 비슷한 실력이었다. 그렇지만 나는 Y가 힘에 부치는 기분이다. 라이벌 의식 때문일까 아니면 실제 Y의 기력이 나보다 센 것일까? Y는 바둑 공부를 열심히 한다. 책도 사보고, 신문 기보를 노트에 정리하고 한때는 바둑 캠프도 갔단다. Y의 기력이 향상되니 나도 손 놓고 있을 수 가 없었다. 책도 사보고 신문 기보도 한 때 챙겨 읽고 인터넷 바둑 강의도 들었다. 그렇게 지나다 보니 주위에서 나의 바둑이 늘었다고 한다. 몇 년 전 조치훈 씨의 인터뷰 기사를 본 적이 있는데, 하루에 5시간 이상 공부를 한다고 했다.

바둑은 기본은 실력이지만 타 스포츠(?)와 마찬가지로 그날의 컨디션과 상대방과의 기싸움이다. 특히 교만해서는 지기 십상이다. 상대를 얕보고 살생을 하려 하면 어느새 반전이 되어 자기 돌이 죽게 된다. 겸손하고 인내가 있어야 한다, 판세가 불리하다고 무리수를 두면 더욱 큰 낭패가 오니 참고 기다리면 찬스도 찾아온다. 바둑을 두다 다 진 바둑을 끝까지 물고 늘어지는 경우도 있다. 상대방이 실수라도 하면 황천 일보 작전에서 기사회생하기도 한다. 그러나 바람직한 자세는 아니다. 바둑은 수양을 필요로 한다. 원래 바둑은 수담(手談)이라고 하여 대전 중에 말을 삼가야 한다. 그러나 친구 사이라 대국 중 말씨름을 하기도 한다. 상대방을 말로 견제(牽制)하는 것이 가장 흔하다. 그리고 상대가 너무 장고(長考)한다고 핀잔을 주는 일이다. 상대도 마찬가지다. 그러다 보니 말씨름이 고성으로 변하고 잘하면 싸움까지 된다. 그러고 나면 그 친구와는 바둑 두기가 싫어진다. 서로 기피하게 된다. 나도 그런 일이 있고 나면 바둑 모임에 나가지 않는다. 그러나 길게 못 가고 다시 나간다.

바둑은 중국에서 요순(堯舜)시대부터 시작되었다. 이순신 장군, 대원군도 바둑을 즐겨 두었다고 한다. 내가 대학시절에는 일본 혼인보(本因坊)를 7연패한 면도날이라는 별명의 사카타 에이오(坂田英男)의 바둑책으로 공부하였다. 그때 일본 바둑이 세계 정상이었다. 그 당시 일본에서는 혼인보(本因坊), 명인(名人),기성(棋聖) 3대전이 유명하였다. 6세에 일본에 유학 간 조치훈은 1968년12살 때 그 3대 타이틀을 동시에 석권하여 한국 펜을 열광시켰다. 한국 바둑이 얼마전 까지는 중국, 일본을 누르고 세계1위였으나 현재는 중국에 밀리고 있는 것 같다. 얼마 전에는 이세돌이 인공지능 알파고 에게 패한 것도 바둑 역사에 큰 전환점이다. 요즈음은 인터넷으로도 바둑을 둔다. 상대 얼굴도 보지 않고 누군지도 모르고 둔다. 기계적이지만 편리해서 좋은 점도 있다.

바둑은 두뇌를 사용함으로 치매예방에 좋고 자기와의 싸움으로 정신수양에 도움이 되고 사람과 마주 보고 손으로 대화하는 게임이다. 처음 만난 상대라도 같이 즐길 수 있다. 상대가 편안하고 친한 사이라면 더욱 좋다. 그러니 학교동기생 같은 친구하고 대국하면 더 없이 즐겁다. 바둑 예찬론자들의 말이다. 바둑은 공기가 밀폐된 공간에서 한다, 그리고 최소 3~4시간은 앉아 있어야 한다. 이러다 보니 건강에 좋지 않은 점도 있다. 논어(論語)에 공자가 이르기를 온종일 포식하면서 마음 쓰는 바가 없다면 곤란하다. 박혁(바둑, 장기 등)이라는 것이 있지 않느냐. 그걸 하는 것이 오히려 나을 것 이로다 (子曰飽食終日無所用心難矣哉不有博奕者乎爲之猶賢乎已)'라고 했다. 공자는 바둑이 사람의 머리를 쓰는 것을 인정했지만 빈둥대는 것과 바둑을 비교한 것을 보면 공자는 바둑 두는 것을 그렇게 높은 경지의 일로 보지 않은 것 같다. 너무 빠지지 말고 적당히 둔다면 그리 나쁠 것은 없다. 바둑을 언제까지 즐길 수 있을는지 모르지만 친구들과 두는 바둑은 즐거운 나의 일상(日常)이다. 우리가 두는 것은 바둑이 아니라 오랜 우정의 줄다리기인지 모른다.

이 도서의 국립중앙도서관 출판예정도서목록(CIP)은 서지정보유통지원시스템 홈페이지(http://seoji.nl.go.kr)와 국가자료공동목록시스템(http://www.nl.go.kr/kolisnet)에서 이용하실 수 있습니다.

(CIP제어번호 : CIP2018000703)

2017년 여울문학회 엔솔로지 19집

아들의 눈물

초판인쇄일 2018년 1월 23일
초판발행일 2018년 1월 29일

지은이 : 안경환 · 한혜정 외
펴낸곳 : 여울문학회

출판사 : 도서출판 문학공원
펴낸이 : 김순진
편집장 : 전하라
디자인 : 김초롱
등 록 : 2004년 3월 9일 제6-706호
주 소 : (우편번호 03382)서울 은평구 통일로 633
녹번오피스텔 501호 스토리문학사
전 화 : 02-2234-1666
팩 스 : 02-2236-1666
홈페이지 : http://cafe.daum.net/yob51
이메일 : 4615562@hanmail.net

---

* 책값은 뒤표지에 있습니다.